IL A DÉTRUIT LA POLICE DE PROXIMITÉ

Du même auteur

Ainsi sois flic Jean-Pierre Havrin, 1992, Publifusion éditeur

Jean-Pierre Havrin

IL A DÉTRUIT LA POLICE DE PROXIMITÉ

Jean-Claude Gawsewitch Éditeur

130, rue de Rivoli
75001 Paris
www.jcgawsewitch.com
ISBN : 978-2-35013-237-2

Préface de Pierre Joxe

Viré de Toulouse comme un malpropre en 2003 par Nicolas Sarkozy, alors ministre de l'Intérieur, le commissaire de police Jean-Pierre Havrin a été élu aux dernières élections par les Toulousains : il est à présent, auprès du nouveau maire socialiste, adjoint chargé de la sécurité !

Son livre commence comme un reportage télévisé. S'il ne faisait pas une aussi intelligente et courageuse carrière dans la sécurité publique, Jean-Pierre Havrin aurait dû être reporter. Il faut lire l'histoire savoureuse de la campagne électorale que Nicolas Sarkozy a « brillamment » ouverte – sans s'en douter – le 3 février 2003, et qui a abouti à l'élection d'Havrin aux municipales de Toulouse, cinq ans plus tard !

On ne saura jamais pourquoi Sarkozy, homme politique avisé – mais sans doute mal conseillé –, est venu ce jour-là à Toulouse mettre en cause publiquement l'un des meilleurs flics de France, alors prestigieux chef de la police nationale, dans cette turbulente capitale du Languedoc historique.

On ne comprendra jamais comment ce ministre, grand spécialiste des médias, a pu offrir à l'opinion le spectacle de la dégradation publique et méprisante d'un fonctionnaire aussi estimable et aussi estimé qu'Havrin.

On s'interrogera longtemps sur ce qui a conduit un homme aussi informé – ou qui pouvait l'être – à prononcer la phrase historique « Organiser un match de rugby pour les jeunes, c'est bien, mais c'est pas *(sic)* la mission première de la police ! » avant de virer Havrin…

Pour ceux qui connaissent un peu la police nationale – comme Jean-Pierre Chevènement ou moi-même, qui l'avons eue sous nos ordres –, parler ainsi à ce haut fonctionnaire, devant ses cadres, devant ses troupes et devant les télévisions, témoigne d'une profonde méconnaissance du service public.

Qui est Jean-Pierre Havrin ? Il œuvrait au sein du syndicalisme policier quand j'ai fait sa connaissance grâce à Patrice Bergougnoux dans les années quatre-vingt. Il fut choisi sur mon conseil quelques années plus tard par Chevènement pour entrer à son cabinet. Reprenant les efforts antérieurs que Gaston Defferre puis moi-même avions entrepris, Chevènement avait lancé la « police de proximité » – avec Havrin et quelques autres –, destinée à rapprocher la police nationale des habitants pour combiner, comme il faut le faire, la prévention et la répression (elles sont inséparables, tout le monde sait cela).

Ce que tout le monde ne sait pas, c'est comment Havrin, à sa demande, est sorti de ce cabinet ministériel. Il n'en est pas sorti par promotion accélérée. Il n'en est pas sorti par une nomination dans le corps des préfets – qu'il aurait méritée autant que certains, que je connais bien… ni pour pantoufler, comme d'autres que je connais aussi. Il n'en est même pas sorti pour prendre une direction au ministère ou à la préfecture de police. Non. Il a demandé et obtenu de Chevènement d'être nommé à Toulouse – loin de Paris ! –, comme directeur départemental de la Sécurité publique, afin d'expérimenter à la base et de développer lui-même, dans une grande ville, cette politique inspirée par les meilleures expériences françaises et étrangères de sécurité.

C'est ce qui fait à la fois le charme et l'honneur du service public à la française : on y rencontre des gens de cette valeur. Des institutrices qui sont parfois à elles seules l'école publique, dans un village isolé. Des professeurs prêts à faire grève pour que l'on ne cesse pas d'enseigner l'histoire aux futurs citoyens – et à manifester pour que l'on ne tourne pas en dérision les œuvres de Madame de La Fayette. Des ingénieurs des corps de l'État pour qui l'intérêt public vaut mieux que la pantoufle dorée du privé. Des magistrats qui ploient sous la tâche. Et aussi des fonctionnaires de tous les corps, de toutes les spécialités, pour qui l'intérêt du métier et le goût du service public relèvent d'une sorte d'amour, même si, comme cela arrive, le gouvernement en place les maltraite. Il y a également des gens de cette trempe dans la police et la gendarmerie. J'en ai rencontré plus d'un, comme Le Moël, Genthial, Bergougnoux, les deux frères Querry (l'un policier, l'autre gendarme !), et comme aussi Jean-Pierre Havrin.

C'est pour cela que je lui ai téléphoné dès le lendemain de l'affront qu'il avait subi stoïquement, comme il le raconte dans son livre.

C'est encore pour cette raison qu'une grande jubilation s'est emparée de moi comme de tous ceux qui le connaissent, à l'annonce d'abord de sa candidature et ensuite de son élection à Toulouse. Depuis lors, dans les fonctions où il doit combiner tous les instruments de la sécurité et de la « tranquillité publique », y compris la police municipale, Jean-Pierre Havrin a encore enrichi son expérience et approfondi sa réflexion. Sur les risques industriels comme sur les opérations de maintien de l'ordre, sur le renseignement et la communication, sur les divers acteurs d'une politique de tranquillité publique et sur la déontologie, son livre sera bientôt un classique. Car, en outre, ce haut fonctionnaire est vraiment sorti du rang : lycéen turbulent engagé dans la Marine nationale, matelot qui passa tout seul le baccalauréat en candidat libre, mais bientôt diplômé de la faculté de droit, passant par l'École des commissaires de police, syndicaliste influent et vrai manager du service public le plus compliqué qui soit. Sa carrière allait vers le sommet.

Et pourtant, l'État s'est privé de ses services… Dommage.

Mais à Toulouse, Havrin n'est pas privé de service public. En l'élisant, c'est le public qui l'a remis à son service.

1

Ce matin du 3 février 2003, nous attendons la visite officielle du ministre de l'Intérieur, Nicolas Sarkozy, à Toulouse. Il est venu pour donner le coup de grâce à la police de proximité. Et ça, en revanche, nous ne l'attendions pas…

Nicolas Sarkozy me fixe et pointe le doigt sur moi :

« Monsieur le directeur, vous m'en rendrez compte ! »

Il vient de demander au premier représentant des associations invitées ce matin-là de décliner ses griefs contre la police. Ça tombe bien, il est très mécontent : la police ne fait rien, la police ne vient pas quand on l'appelle, la police est tellement mauvaise et incompétente que c'en est surréaliste, etc. Fin de la première intervention. Le ton est donné. La journée commence mal.

Cette réunion matinale est organisée à la mairie de Toulouse en présence du maire M. Douste-Blazy, de quelques élus qui me veulent du bien, du préfet, du directeur général de la police M. Gaudin, de porte-parole d'associations et, bien sûr, du ministre de l'Intérieur.

Les interventions se succèdent : nous sommes tellement nuls… c'est à pleurer ! La police toulousaine est un concentré d'abrutis, de feignants, d'incapables, etc. Ça doit certainement venir de leur chef… Moi, en l'occurrence.

Cette réunion aux allures de procès grand-guignolesque est en réalité une exécution en règle.

L'aréopage « municipalo-ministériel » s'est installé face aux associations pendant que mes officiers et moi-même sommes au fond de la salle. Drôle de « plan de table »… Nous les flics sommes collés dos au mur, face aux autorités, derrière une étrange sélection de représentants d'associations de riverains et de commerçants disposés en carré et dont une partie nous tourne le dos. (C'est sans doute la configuration « mur des accusés », des fusillés de la police de proximité.) Face à nous, les accusateurs : Sarkozy procureur et les témoins (soigneusement choisis) de notre incompétence. Mais la mascarade n'est pas finie. Cécilia, épouse de M. Sarkozy à l'époque, arrive légèrement en retard, une fois tout le monde installé, faisant déplacer le directeur général de la police pour prendre sa place et s'asseoir près de son cher mari. (Mais que diable fait-elle là ?) Mes officiers sont toujours assis en rang d'oignons, à la place des cancres. Je décide alors de rester debout, face au ministre, refusant de m'asseoir malgré de nombreuses injonctions.

Depuis quatre ans que je suis directeur départemental de la Sécurité publique de la Haute-Garonne, j'ai reçu les représentants des diverses associations à de nombreuses reprises et là, étrangement, je n'en reconnais que quelques-uns. Je m'en inquiète auprès de mes officiers qui eux-mêmes n'en connaissent que très peu. Qui sont ces gens ? Qui les a choisis ? Pourquoi ? Cette mise en scène commence à sentir l'imposture et je vois tout à coup l'étau se resserrer autour de nous.

Et après chaque nouvelle intervention, l'index toujours pointé vers moi, accusateur, le ministre fulmine :

« Monsieur le directeur, vous m'en rendrez compte ! »

Je suis toujours debout, le dos au mur, prêt à exploser, le regard planté dans celui de mon bourreau. La tension devient insoutenable et je sais que le combat est perdu d'avance. Je n'ai rien d'autre à faire que de courber l'échine et encaisser les coups. Par mimétisme peut-être, Cécilia (on se demande toujours ce qu'elle peut bien faire là) se tourne vers moi et me fusille du regard, désespérée sans doute de contempler un type aussi nul. Je me sens un peu seul… Heureusement, un de mes commandants, Jean-Louis Llorca, écœuré par cette boucherie, se lève et vient se placer, debout, à mes côtés. (Jean-Louis Llorca était un homme expérimenté, un vrai républicain acquis à l'idée d'une police au service du citoyen. Responsable du commissariat-centre de Toulouse, il avait fait un gros travail pour mettre en place la police de proximité.) Ce geste courageux et spontané m'a donné la bouffée d'air dont j'avais le plus grand besoin en cet instant particulièrement éprouvant.

À un moment, une représentante des commerçants – avec qui on travaillait régulièrement – déclare que nous faisons du bon travail et que si certains délits restent impunis, ce n'est pas notre faute. Elle raconte que récemment nous avons arrêté les auteurs de vols, mais qu'ils ont été relâchés par la justice parce qu'il n'y avait pas de greffiers au tribunal. Enfin un témoin qui n'est pas à charge ! Hélas, cette intervention n'a pas pour effet de calmer mon tortionnaire. Emporté par son élan, le ministre repointe son doigt vengeur sur moi et déclare, une fois encore :

« Monsieur le directeur, vous m'en rendrez compte ! »

La journée ne fait que commencer mais elle s'annonce prometteuse. La presse se régale.

Pour la suite de sa visite officielle, Nicolas Sarkozy est attendu dans l'après-midi au commissariat de Bellefontaine avec tout le service du quartier du Mirail (La Mecque de la police de proximité), les gardiens, les officiers et moi-même. Après le cirque de ce matin à la mairie, il me semble que la journée n'en finit pas. Nous voilà donc maintenant tous réunis, en tenue d'apparat. Je suis debout, à attendre, sanglé dans mon uniforme. L'entracte est de courte durée. La corrida médiatique peut commencer, l'heure de l'estocade a sonné :

« Organiser un match de rugby pour les jeunes du quartier, c'est bien, mais c'est pas *(sic)* la mission première de la police. Créer des contacts avec les bailleurs sociaux, c'est bien, mais ce n'est pas la fonction première de la police. La mission première de la police ? L'investigation, l'interpellation, la lutte contre la délinquance et la mise à disposition de la justice d'hommes et de femmes qui ne respectent pas nos lois. »

Le petit homme s'agite de plus en plus… La présence des caméras, des micros, des flashs semble le stimuler. Il s'énerve tout seul, il monte dans les tours, content de lui. Il quête l'approbation de son entourage avec un sourire entendu, ravi de sa sortie. Cette farce pathétique lui donne des ailes, le cabotin en fait des tonnes. Il se fascine lui-même.

Pendant quelques secondes, j'ai une envie irrépressible de lui mettre un coup de boule… Ça me vrille l'estomac. Je serre tellement les mâchoires que j'en ai mal aux dents et les muscles tétanisés. Je suis au bord de l'explosion. Comment un homme avec de telles responsabilités, un ministre de l'Intérieur, peut-il à ce point déshonorer sa fonction en affichant autant de mauvaise foi et une telle ignorance du problème ? Ce procès de carnaval n'est qu'un règlement de comptes politique indigne, prenant lâchement en otages des fonctionnaires muselés par leur devoir de réserve. La méthode est écœurante et méprisable. J'ai du mal à me contenir. Mais il sait qu'il joue sur du velours, évidemment, car il n'y avait pas grand risque que j'ose protester. Je suis fonctionnaire de police, en uniforme, portant mes médailles, responsable du voyage et de la sécurité de cet individu. Que puis-je faire d'autre sinon me maîtriser ? Devant mon apparente impassibilité – qui visiblement l'agace –, il monte d'un cran dans la provocation. Il se tourne vers moi, agressif :

« Où est la BAC[1] ? »

Mauvaise question. Si la BAC est absente, c'est parce que son propre cabinet ne l'a pas prévue. Avec un sourire forcé et sur un ton narquois, je réponds de façon volontairement sarcastique devant l'inanité de la question :

« La BAC, elle est dans la rue, comme d'habitude, elle arrête des voyous. »

Agacé par ma réponse et voyant que je ne perds pas pied, il change de visage et se rapprochant de moi, se voulant menaçant et dominateur, il me glisse :

« En plus, vous faites de l'humour ! »

Je le toise pour lui faire comprendre que s'il me désole, il ne m'impressionne pas.

1. Brigade anticriminalité.

« Organiser un match de rugby pour les jeunes du quartier, c'est bien, mais c'est pas la mission première de la police… »

La phrase tourne en boucle dans ma tête. Notre destin est scellé. Le piège se referme sur la police de proximité. La mise en scène est impeccable et l'acteur joue son texte avec conviction face aux caméras. La France entière va assister en direct à notre déconfiture et à notre humiliation. Chacun peut alors mesurer l'ampleur du courroux du grand chef qui n'hésite pas à tancer ces policiers égarés qu'il s'agit de remettre dans le droit chemin de leur véritable mission. Confondre le rôle du policier et d'assistante sociale ! Devenir des « profs de sport » ! Mais où allons-nous ? Le grand chef n'en revient pas… Heureusement qu'il est là ! Il va prendre des mesures ! stopper cette incroyable dérive ! Comme un messie longtemps espéré, Sarkozy est enfin arrivé. La messe est dite, *Deo gratias.*

Toute la journée, il a essayé de me faire craquer. J'ai supporté sans broncher ses attaques permanentes et souvent sans fondement. Malgré tout, j'ai tenu bon. Mais quand mes gars se sont tournés vers moi, leurs regards pleins d'incompréhension, ma colère a atteint son paroxysme, prête à éclater. Ils n'avaient pas vu le coup partir. L'ampleur de l'injustice qu'ils venaient de prendre de plein fouet était insupportable et leur semblait invraisemblable. Eux qui comptaient sur moi pour les défendre, pour rétablir la vérité… Il m'était impossible d'aller à leur secours, de les sauver de cette catastrophe. Oui, c'est l'expression de leurs regards accablés qui me pèse le plus. J'y déchiffre l'interrogation et un immense sentiment d'injustice : Qu'est-ce qui se passe, qu'est-ce qui nous arrive ? Pourquoi cette trahison ? Ici, dans ce quartier en particulier… tout le monde sait ce qu'on a fait ! Ce message muet mais clair que je lis dans les yeux de mes hommes me tord les tripes. Comment peut-on trahir ces gens qui depuis des années prennent des risques énormes pour renouer le contact et ont réussi l'exploit de se faire accepter dans le quartier ? C'est intolérable.

Je les vois et les revois à la télé, avec cet air désespéré, passant en boucle dans les journaux télévisés… Le commandant Bergogne, avec ses grands yeux ronds – on dirait une souris hypnotisée par un serpent –, semble abasourdi, totalement consterné ! Il n'y croit pas… Ballan (Jean-Pierre, pour les jeunes du quartier), un gardien de la paix de grande taille, à l'allure imposante, solide et courageux, et qui était chargé de raconter ses missions au ministre, me semble vidé de sa substance. Il s'est transformé en statue de sel, pétrifié, complètement médusé. En ce moment de tension extrême, une idée idiote me traverse l'esprit : je regarde Jean-Pierre et je me dis qu'il est là, les bras « ballants ». Mais ça ne me fait pas rire. Ses deux grandes mains me semblent encore plus énormes que d'habitude, comme si toute sa colère et son désespoir s'y étaient concentrés. C'est d'autant plus dur que Ballan est un modèle. Dès le début de l'implantation de la police de proximité, il s'est rapproché des gens, des jeunes notamment, s'intégrant dans le quartier avec sa tenue réglementaire et sans protection particulière. Ballan aime les gens et les respecte. Et il sait que le respect est communicatif. Il a pris de vrais risques en acceptant de patrouiller à pied avec ses collègues. Il n'a pas eu peur de d'aller au contact des habitants, malgré les objets variés et dangereux qui tombaient du dixième étage au moment de son passage. Il est passé outre les insultes et les moqueries de ses collègues, et peu à peu, il a gagné la confiance de la population. Lorsqu'il a commencé à être invité par des habitants à boire le thé, alors il a compris qu'il avait gagné et que le lien se renouait. Pour moi et pour les gens du

Mirail, il était devenu le symbole du « gardien de la paix ». Sa connaissance du quartier et la confiance que lui manifestait la population en faisaient non seulement un agent de prévention efficace, mais aussi un acteur important de la répression judiciaire sachant faire la différence entre les voyous (une quarantaine) et le reste de la population. C'est lui également, avec son look et son passé de rugbyman, qui a convaincu les jeunes que le flic n'était pas l'Ennemi. On pouvait s'affronter, certes, mais uniquement sur un terrain de sport, dans le respect de règles acceptées par tous.

La journée continue, mais le plus dur est fait. En tant que directeur départemental de la Sécurité publique, je suis responsable du voyage ministériel et je dois donc accompagner mon ennemi jusqu'au bout, sans faillir à ma mission. En bas de l'avion, Gaudin, le directeur général de la police nationale, qui me connaît bien et qui m'aime bien, est un peu gêné :

« Ça va, Havrin ?

– Parfait, monsieur le directeur, c'est parfait… Plus, ç'aurait été trop ; mais là, c'est parfait. »

Il me sourit gentiment, plutôt gêné par le rôle (discret) qu'il a joué dans cette affaire. Sarkozy s'approche de moi :

« Havrin, il faudra qu'on se voie.

– À votre disposition, monsieur le ministre. »

J'ai répondu avec tout ce qui me reste de courtoisie et d'urbanité, parce que pour ce qui est du respect, il s'est envolé au fil des heures de cette journée de dupes.

Ils remontent tous dans l'avion, accompagnés du journaliste « officiel » du *Figaro*, qui faisait partie du jury. C'est d'ailleurs ce même journaliste, quelques jours avant la venue de Sarkozy, qui avait titré aimablement, histoire de préparer le voyage : « Toulouse, bonnet d'âne du taux d'élucidation ».

L'avion s'envole avec mes illusions. Ma casquette me serre, j'ai mal à la tête. Sous les feuilles de chêne, c'est moi qui me sens comme un gland.

Par son mépris provocateur – teinté d'un tel contentement de soi ! –, celui qui aimait se nommer le « premier flic de France » a rayé d'un trait quatre ans de travail et de risques. Ce n'est pas un mauvais rêve, c'est un véritable cauchemar.

La police de proximité est morte, achevée par Sarkozy.

⁂

La police de proximité avait pour mission de combattre la délinquance et de ramener la paix dans les quartiers. Fortement axée sur la prévention et la résolution des conflits, cette police au service des citoyens avait pour fonction d'anticiper les problèmes de délinquance, d'écouter, de rassurer et d'enregistrer toutes les plaintes 24 heures sur 24. Affectés à un territoire précis et ancrés dans le quotidien de la population, les policiers de proximité effectuaient un travail de fond qui permettait également de mener une répression ciblée et efficace. C'était une véritable police judiciaire de quartier.

Nous avions pris un pari audacieux et nous étions en train de le gagner. Oui, ça marchait ! Plus proche des habitants, plus impliquée dans leur quotidien, plus à l'écoute, plus ancrée dans la réalité sociale – en un mot plus humaine –, la police offrait un nouveau visage, se faisant le partenaire d'une population lasse du tout-répressif et des promesses non tenues. Il ne fallait pas seulement punir, mais prévenir, comprendre, aider…

Le Mirail est un quartier « difficile » de Toulouse, théâtre de fréquentes violences urbaines. Propulsé sur la scène médiatique après les troubles qui avaient suivi la mort du jeune Habib le 13 décembre 1998, le Mirail est vite devenu dans la région (et dans toute la France) l'incarnation du malaise des habitants des quartiers défavorisés, le symbole de la rupture violente entre la police et les jeunes.

C'est justement ce quartier que j'avais choisi pour en faire *le* laboratoire de la police de proximité. Je pensais que si nous parvenions à installer et à pérenniser cette nouvelle forme de police dans ce secteur sensible, alors il y avait de fortes chances pour que le système fonctionne partout ailleurs. Il faut dire qu'après la période très dure de reprise en main du quartier, la décision de lancer les patrouilles à pied était risquée. Je m'en étais alors remis à l'expérience des gars du terrain qui estimaient que c'était effectivement dangereux, mais néanmoins possible.

On avait donc décidé d'y aller – en évitant de passer à l'aplomb des toits des immeubles d'où tombaient des objets de toutes sortes. J'avais mis en alerte la Section d'intervention et les BAC, en leur demandant d'être disponibles pour des interventions d'urgence dans un délai maximum de cinq minutes, au cas où leurs collègues proximiers seraient en danger lors d'une opération. Nos proximiers – ce sont eux qui s'étaient baptisés ainsi – n'ont jamais usé de ce recours. Et pourtant, il en est tombé des « OTNI » (Objets Tombants Non Identifiés) ! Ça allait du simple pavé à la carcasse de machine à laver, en passant par des chapeaux de cheminées. La variété de ces objets jetés du haut des immeubles était telle que certains fonctionnaires proposèrent de créer au commissariat de Bellefontaine un musée entièrement dédié à ces projectiles. Ces gars – ceux-là mêmes qui se trouvaient ce jour-là face à un ministre qui dénigrait leur travail – avaient pris beaucoup de risques. Ils n'avaient jamais cédé à la peur ni à la facilité, et ils avaient toujours persévéré avec calme et courage, parvenant à se fondre dans le paysage, à devenir une présence familière, crédible et efficace, aux yeux d'une population qui reprenait enfin confiance en sa police.

Au Mirail, la police avait commencé à prouver qu'en s'humanisant, en se rapprochant des gens et en privilégiant la prévention, l'ordre pouvait être rétabli sans violences inutiles. Tout un symbole ! C'est justement ce symbole, celui incarné par cette police mise en place par la gauche, que le ministre de l'Intérieur venait anéantir ce jour-là, guidé uniquement par des buts bassement politiciens et sans aucune considération pour les véritables besoins de la population.

Quelque temps avant la visite officielle de Sarkozy, une conseillère de son cabinet était venue à Toulouse pour préparer le déplacement du ministre. Curieusement, d'ailleurs, je n'étais pas présent ce jour-là, convoqué en d'autres lieux. Un de mes adjoints s'était occupé de la recevoir. Les fonctionnaires du commissariat de Bellefontaine avaient naturellement insisté sur les aspects judiciaires et les arrestations qui avaient peu à peu contribué à « pacifier » le quartier. Ils lui expliquèrent comment leur connaissance du terrain et de la population, ainsi que la confiance retrouvée, permettait de cibler plus facilement les voyous et d'engager une répression efficace. Immédiatement, la conseillère leur expliqua que le ministre avait jusqu'à ce jour beaucoup communiqué sur la répression et que son voyage à Toulouse serait axé sur la prévention, précisant qu'il devait équilibrer sa communication.

« Que faites-vous au-delà de la répression, quelles actions remarquables ? » demanda-t-elle. On lui parla alors des patrouilles à pied, du contact avec les habitants, les commerçants, on lui expliqua comment, au début, dans la douleur, on avait recréé le lien social, comment on avait renoué le contact. C'est avec une fierté légitime que ces hommes de terrain avaient raconté à cette « conseillère » que leurs rapports avec les habitants avaient évolué, au point qu'ils arrivaient même à organiser des matchs de foot ou de rugby entre policiers et jeunes du quartier. Elle sauta sur l'occasion, enthousiaste :

« C'est ça, qu'il faut dire au ministre ! La répression, il en a beaucoup parlé ; ici la cible c'est la prévention, c'est parfait. »

Sarkozy allait bien sûr se réjouir et se féliciter de cette avancée significative...

Je suis convaincu que cet épisode du 3 février 2003 à la mairie n'aurait pas eu lieu si Dominique Baudis avait été encore maire de Toulouse. Il savait ce que nous avions fait, c'était un chaud partisan de la police de proximité et un homme honnête avec qui nous avions beaucoup travaillé au service des Toulousains. Il n'aurait certainement pas toléré cette mascarade et n'y aurait certainement pas prêté son concours.

Heureusement, cette farce digne de la téléréalité n'aura pas les effets escomptés et tout le monde sera choqué par les manières brutales de Nicolas Sarkozy. Les excès qui desservaient le ministre d'alors nuiront bientôt à l'image du président. D'ailleurs, personne n'a cru à cette histoire fabriquée de toutes pièces, surtout pas la presse, qui n'a pas mordu à l'hameçon car percevant d'emblée le coup monté et l'attaque politique contre la gauche. On dit souvent du mal de la presse, mais je dois dire qu'à quelques exceptions près, les journalistes n'ont pas été dupes et ont été très critiques sur cette opération de mise à mort.

Le soir, en quittant le commissariat, j'avais encore mal à la tête. J'avais l'impression d'avoir servi de punching-ball toute la journée. Les coups traîtreusement assenés m'avaient laissé K.-O. Et puis j'avais aussi un goût amer dans la bouche. J'aurais peut-être dû réagir plus violemment et apostropher le ministre pour lui dire tout le bien que je pensais de son intervention et de sa mise en scène. Je regrettais de ne pas avoir assez défendu les gars et la police de proximité. Mais comment doit réagir un fonctionnaire de police, en tenue, soumis au devoir de réserve, en face de son ministre ? Je me demandais si ce n'étaient pas de mauvaises excuses. Même si les règles du combat étaient truquées, même si riposter à ces attaques perfides et injustes était impossible, j'aurais peut-être dû en faire plus...

De retour à la maison, cette idée continuait de m'obséder. Aussi, je fus surpris de la réaction de ma famille. Ma femme, mes enfants, mes amis me félicitèrent pour mon calme et ma retenue. Me connaissant, ils savaient combien ce silence m'avait coûté. « Tu as préservé l'avenir... Il n'attendait que ça... Tout ce qui est excessif est dérisoire, etc. » Tout cela me rassurait un peu. Quoi qu'il en fût, j'étais au maximum des concessions que j'étais capable de faire, sur la forme en tout cas. Sur le fond, je ne reculerais plus.

⁂

Quelques semaines après cette corrida médiatique, le cabinet du ministre de l'Intérieur me fait savoir que Nicolas Sarkozy désire me voir.

En route pour Beauvau... À l'arrivée à Orly, c'est Dominique Demoen, commandant de police, secrétaire général de la Fédération sportive de la police française, qui vient pour me conduire et me soutenir dans cette épreuve. Curieusement, peu de commissaires avaient envie de se montrer avec moi à ce moment-là.

En arrivant à proximité du ministère de l'Intérieur, j'aperçois plusieurs dizaines de journalistes, caméras à l'épaule et micros au poing. Vraisemblablement, il y a eu une fuite et ils m'attendent – fuite confirmée par plusieurs coups de fil dont celui de Patrick Poivre d'Arvor qui « me veut au 20-Heures ». Mais je flaire le piège, sachant que la moindre déclaration de ma part (et même la plus petite mimique) pourrait m'être fatale. Je décide donc de m'éloigner du portail d'entrée pour téléphoner au cabinet du ministère et leur dire que je ne veux pas entrer par la porte principale. Après quelques palabres, je suis mis en rapport avec le SSMI (Service de sécurité du ministère de l'Intérieur) et l'on convient que je passerai par les garages situés derrière. Pris en charge par la sécurité et après un cheminement compliqué, j'arrive enfin au bureau du ministre.

Là, en bras de chemise, Sarkozy m'accueille, souriant et décontracté. Loin des caméras il est calme et plutôt sympathique. Il me désigne un fauteuil bas et je m'assois près de la cheminée où brûle un feu nourri. Lui s'assoit en face de moi sur un fauteuil plus haut et plus éloigné du feu. Dans mon costume cravate, je monte vite en température et je commence à rôtir doucement. Au fond de la pièce, discret, Claude Guéant est assis, témoin éloigné mais attentif de cet entretien. Pour ne pas me laisser enfermer dans cette situation désavantageuse, je dis au ministre que je ne suis pas dépaysé, que je connais bien ce bureau où j'ai travaillé régulièrement avec Jean-Pierre Chevènement lorsque j'étais son conseiller. Très rapidement, le ministre me dit :

« Bon, Havrin, vos chiffres ne sont pas bons, le taux d'élucidation est très mauvais.

– Monsieur le ministre, je crois que le problème n'est pas là, nous le savons tous les deux.

– Bon, Havrin, si je vous dis nouvelle politique, nouveaux hommes…

– OK, ça, je peux comprendre.

– Vous savez, j'ai bien traité vos amis socialistes.

– Je ne suis pas socialiste, monsieur le ministre. Je suis de gauche mais pas encarté. J'ai toujours pensé que lorsqu'on est policier, on ne doit avoir qu'une seule carte, celle de la police. »

J'interpelle Guéant, toujours assis au fond de la pièce :

« Je suis de gauche comme Monsieur Guéant est de droite. »

Guéant réagit et rectifie :

« Non, on ne peut pas dire cela comme ça. »

Je reprends :

« Disons alors que je suis plutôt de gauche comme Guéant est plutôt de droite. »

Le ministre sourit et enchaîne :

« Maintenant, Havrin, il faut arrêter ce battage médiatique, ça fait trop longtemps que ça dure. »

Il faut dire que depuis son passage à Toulouse, les journalistes ne l'ont pas épargné, dénonçant à la fois la forme et le fond de cette attaque contre la police de proximité.

« Si vous vous taisez, je vous donne ce que vous voulez. »

Je lui réponds que je suis président de la Fédération sportive de la police française et président de l'Union sportive des polices d'Europe qui compte quarante pays adhérents et que je souhaite m'y consacrer pleinement. J'ajoute toutefois, connaissant l'administration, que ces deux postes étant des mandats électifs, je souhaite conforter ma situation avec un poste administratif. Je propose d'être conseiller de la DGPN (Direction générale de la police nationale) pour le sport – ce qui ne manque pas de sel – et d'avoir un bureau à Toulouse au siège de la ligue Midi-Pyrénées de la Fédération sportive de la police française. Le ministre est d'accord et plutôt soulagé. Pour lui, l'affaire est réglée. Il me demande de voir avec Guéant pour rédiger mon ordre de mission. Je le salue et me retire avec le secrétaire général de l'Élysée pour les détails. Guéant a calé son humeur sur celle du ministre. Il est très aimable avec moi et, dans son bureau, nous réglons l'affaire avec célérité. Je sais que je vais quitter mon poste de directeur départemental de la Haute-Garonne sous peu, mais je ne sais pas encore à quelle date. Je quitte mon « ami » Guéant et je ressors par le chemin que j'ai emprunté en arrivant, bien que le ministre m'ait dit, faussement bonhomme :

« Si vous voulez faire une déclaration à la presse en sortant, vous pouvez. »

Évitant soigneusement les journalistes, Dominique me récupère et nous allons boire un coup bien mérité.

Le lendemain de l'exécution médiatique, mon téléphone portable sonne :

« Bonjour Havrin… Pierre Joxe. »

J'ai un moment d'hésitation. Est-ce une plaisanterie d'un collègue ou d'un ami ? Non, je reconnais bien sa voix. Je ne sais pas comment il a eu mon numéro de portable, mais c'est bien lui :

« Bonjour Havrin... Pierre Joxe. Je vous appelle en mon nom personnel et au nom de plusieurs membres du Conseil constitutionnel, y compris de gens de droite. Je voulais vous présenter nos excuses pour la façon dont vous avez été traité. »

Il insiste sur son soutien et celui de l'institution dont il est membre, choqué par cette dérive de l'État représenté par le ministre de l'Intérieur et la façon dont le pouvoir a traité un fonctionnaire, pris en otage devant la France entière. Cet appel inattendu, le soutien d'un homme que j'admire et d'une institution majeure de notre République, me ravit. Si j'avais quelques doutes sur le bien-fondé de mon action et sur les valeurs républicaines, je suis rassuré. Ce coup de fil m'a permis de retrouver la sérénité. Pierre Joxe n'est pas un homme à la parole facile ou inutile. Lorsqu'il parle, c'est qu'il a une conviction forte. Pourtant, au début, nos relations n'avaient pas été très simples...

Lorsque j'étais secrétaire général du Syndicat des commissaires et hauts fonctionnaires de la police nationale (SCHFPN, dit le « Schtroumpf » à cause de son sigle imprononçable) et lui ministre de l'Intérieur, j'avais senti une méfiance de sa part à l'égard de la police et de sa hiérarchie… qui le lui rendait bien. Joxe observait la police avec une certaine circonspection, en particulier le corps des commissaires, traditionnellement bien ancré à droite. Mais il avait vite pris la mesure des choses et mis toute son énergie et son intelligence au service du ministère de l'Intérieur.

Joxe n'est pas un homme d'un abord facile. Son caractère abrupt et son aspect physique – le sourcil noir et broussailleux – rendirent les premières rencontres un peu tendues. On se sentait passé au scanner, jaugé, jugé, évalué. J'avoue que je n'ai pas eu trop de mal à m'adapter, car côté caractère et avec cet humour froid toujours prêt à jaillir, il était la copie conforme de mon père.

Puis, peu à peu, confrontant nos idées, nous nous sommes rapprochés. Je crois pouvoir affirmer qu'à mon sens et dans l'esprit de tous les policiers, il est vite devenu un grand ministre de l'Intérieur, sortant la police du « Moyen Âge » – tant au niveau de l'esprit que des moyens – par la création d'un plan quinquennal nous permettant de nous mettre à niveau en termes de ressources et d'effectifs. Il a également institué la formation continue dans la police. Les policiers de tous bords et de toutes opinions le reconnaissent et saluent cette réussite.

Dans mon premier poste de commissaire à Saint-Amand-les-Eaux dans le Nord, j'ai connu la police d'avant Joxe. Le commissariat de cette ville d'environ 20 000 habitants qui employait une quarantaine de personnes ne disposait que de deux véhicules : un car police secours et une Renault R12 noire avec un gyrophare. L'utilisation et la répartition des voitures étaient un casse-tête permanent, aggravé par le fait que nous n'avions de l'essence que pour quinze jours environ.

À l'époque, mon métier de commissaire et chef de circonscription se doublait de celui de « mendiant », car je passais une partie de mon temps à essayer de trouver ce qui nous manquait pour fonctionner, c'est-à-dire à peu près tout. L'essence m'était fournie en partie par la mairie. Heureusement, « Jojo » (le maire) aimait bien les flics et ne se faisait pas trop tirer l'oreille. Le complément, curieusement, m'était gracieusement offert par les pompes funèbres. On ne savait pas trop pourquoi, même si la R12 break noire du service ressemblait furieusement à un corbillard !

Et puis, les anciens avaient tous leurs combines pour dégoter du papier, des rouleaux pour les machines à écrire, des stylos… enfin tout ce dont nous avions besoin pour fonctionner et qui nous faisait cruellement défaut.

C'est vrai que l'indépendance de la police aurait pu en prendre un coup, mais ces pratiques étaient ancrées dans la tradition et les gens du Nord ne sont pas vicieux. Ils n'ont pas de « porte de derrière », comme ils disent. À part quelques indulgences pour des PV, on ne nous demandait rien en échange.

L'exemple de Saint-Amand n'est pas une exception. Tous les services de police avaient les mêmes problèmes et recouraient aux mêmes méthodes, juste pour faire leur travail.

Joxe nous a sortis de là, nous redonnant les moyens de travailler mieux, dans la dignité et l'autonomie.

Contrairement à d'autres, il n'a pas cherché à faire un « coup médiatique », mais a inscrit une vraie réforme dans le temps. Les résultats ont été véritablement significatifs – il suffisait d'ailleurs de regarder le parc de véhicules avant et après.

Au nom du Syndicat des commissaires, je lui avais fait part de mon intention de demander la suppression des vacations funéraires et des vacations d'huissiers sous leur forme existante. Il était tout à fait d'accord et a œuvré en ce sens.

Les vacations funéraires étaient une curieuse réminiscence d'un passé révolu – les commissaires qui apposaient un scellé sur les cercueils changeant de département touchaient à chaque fois une prime sur cet acte. Selon les villes, le montant était très variable, et peu à peu, le tarif de ces vacations était hélas devenu un critère de choix des postes de commissaire. De même, les vacations d'huissiers occupaient beaucoup les commissaires de police de sécurité publique. Lorsqu'ils accompagnaient les huissiers pour des saisies ou des expulsions, ils touchaient également une prime qui permettait à certains, en particulier en région parisienne, de doubler leur salaire. Depuis le début de ma carrière, j'étais outré par ces pratiques qui dévalorisaient la profession et perturbaient le travail – dans certains postes, le commissaire n'était pas souvent là, trop accaparé par la « montée des escaliers » en compagnie d'un huissier.

En tant que secrétaire général du syndicat, je luttais pour que nous soyons reconnus comme un corps de hauts fonctionnaires. Mais cette revendication n'avait aucune chance d'aboutir tant que les commissaires continueraient à arrondir leurs fins de mois de cette façon. Grâce à Joxe, nous avons réussi à mettre fin à ces pratiques – en compensant la perte de ces vacations par une prime.

J'ai toujours pensé que cet homme, sans concession sur ses principes, entièrement dévoué au service de l'État mais hélas peu médiatique, aurait fait un grand président de la République. Il a prouvé, avec Chevènement, qu'il faisait partie de ces hommes politiques, trop rares, qui font passer l'intérêt général et la France avant leur carrière personnelle.

Cet appel téléphonique fut pour moi une grande bouffée d'oxygène. Avant de raccrocher, Pierre Joxe me dit :

« Havrin, voilà le code de mon appartement et mon adresse. Je vous invite à déjeuner, tel jour à telle heure de la semaine prochaine. »

Et ce n'était pas une promesse de Gascon. Lors de ce déjeuner en tête à tête, nous avons parlé de nombreux sujets, et pas seulement de mes problèmes au sein de la police. Je savais qu'il m'avait fait venir pour me réconforter et m'apporter son soutien. Une invitation amicale et sans arrière-pensées, qui m'a aidé à rester serein au milieu d'un combat dont les forces étaient bien déséquilibrées. Les institutions, par le biais du ministre de l'Intérieur, m'avaient abandonné, mais des gens de valeur, représentants de ces mêmes institutions, me soutenaient. Les forces se rééquilibraient enfin.

Entre-temps, Jean-Pierre Chevènement m'avait lui aussi téléphoné pour prendre de mes nouvelles, me rassurer sur le bien-fondé de mon action, m'assurer de son soutien et de son amitié. J'étais un homme heureux. Je dois également souligner le soutien actif et amical de tous les syndicats de gardiens et d'officiers, ce qui n'était pas évident compte tenu de la fraîcheur de leurs rapports avec les commissaires de police. Seul le Syndicat des commissaires, dont j'avais pourtant été le secrétaire général, ne s'est pas manifesté.

À l'époque, André-Michel Ventre (un commissaire de ma promotion) était le secrétaire général de ce syndicat et il était connu pour ses liens privilégiés avec le pouvoir en place. *Le Canard enchaîné* avait d'ailleurs publié un article précisant que mon collègue m'avait « savonné la planche » et que Sarkozy avait certainement, préalablement à son intervention à Toulouse, obtenu une « non-intervention » du syndicat en question dans mon affaire. (André-Michel

Ventre a d'ailleurs déposé plainte contre *Le Canard* et a été débouté.)

Le soutien de tous ces gens qui comptaient pour moi m'a permis d'affronter la suite avec sérénité. Mais aussi, et ce n'est pas le moindre, j'ai bénéficié d'un soutien populaire incroyable, au point que j'étais interpellé dans la rue par toutes sortes de gens me disant qu'ils étaient choqués par la façon dont j'avais été traité. Les jeunes du Mirail eux-mêmes, qui n'aiment pourtant pas trop les flics, m'ont fait savoir qu'ils avaient désapprouvé la manière dont j'avais été remercié et qu'ils continueraient à apporter leur soutien et leur adhésion à la police de proximité.

Je crois qu'une fois de plus, Sarkozy s'est trompé. Ses excès ont eu finalement l'effet inverse du but recherché et certaines de ses « performances » médiatiques – qui continuent de passer en boucle dans les zappings – révèlent des pans de sa personnalité qui le desservent.

2

Pourquoi moi ?

Rien ne me préparait à devenir ce symbole de la police de proximité… ou peut-être tout, si l'on y réfléchit bien.

J'ai vécu une enfance agréable dans une famille de quatre enfants. Mes parents me semblaient parfaits et j'étais bien dans mes pompes. Je suis né à Saint-Germain-du-Puch en Gironde. Mon père était œnologue et maître de chai, et ma mère… mère poule. La vie était belle.

À l'école primaire, j'étais moyen, mais fils de « notable » (tout est relatif), donc plutôt protégé. À l'entrée au collège de Libourne comme pensionnaire, j'ai découvert un autre monde. J'étais lâché dans la nature, laissé à ma nature. Tout de suite, j'ai aimé cette vie en collectivité. Bien que plutôt maigre et petit pour mon âge, je suis rapidement devenu « chef de bande ». Mais comme disait mon père, avare de compliments : « Au royaume des aveugles, les borgnes sont rois. »

Je me suis beaucoup amusé, la 6e s'est bien passée, mais on m'a fait redoubler la 5e par précaution. Il faut dire que d'un seul coup, le collège était devenu mixte, ce qui entraînait des découvertes importantes ! La 4e se déroula sans encombre. Je redoublai la 3e – par goût du latin ! L'erreur que les profs ont commise avec moi, c'est de dire « il est intelligent, mais ne travaille pas assez ». J'ai toujours pris ça pour un compliment !

Je me suis retrouvé en seconde au lycée du cours de la Marne à Bordeaux, avec une bande de gars qui sont restés mes amis. Bien organisés, chacun ayant sa spécialité (maths, français, anglais, espagnol), pratiquant habilement l'esprit d'équipe pour les contrôles, nous sommes arrivés « groupés » jusqu'au bac. Hélas, le jour des épreuves nous étions séparés et… voués à l'échec. Nous fûmes tous recalés. Certains décidèrent de continuer et de refaire une tentative pour obtenir leur diplôme.

Quant à moi, j'étais entré entre-temps et par hasard dans un bureau de la Marine nationale.

Alors que tout le monde me reprochait mon échec et me prédisait un avenir noir, j'y avais rencontré des personnes pour qui mon niveau n'était pas un problème. Niveau bac ? Formidable ! Pas de bac ? C'est pas grave ! Chez nous, vous serez officier, vous ferez le tour du monde, vous deviendrez un homme ! En cette année 1967, victime des affiches tout en couleurs et du slogan « Engagez-vous, ça n'engage à rien », me voilà marin pour cinq ans, soit 1 826 jours.

Dès les classes à Hourtin, j'ai vite perçu la galère qui se cachait derrière le navire de guerre. Pas de miracle : pas de bac, pas de grade. Seule certitude : « T'as signé, c'est pour en chier ! » Cette affirmation un peu brutale et toute militaire s'est rapidement imposée à moi. Mais tout arrive. L'adversité m'ayant rendu pugnace (déjà), j'ai décidé de repasser mon bac en candidat libre. Je peux affirmer que cette période a été la plus dure de ma vie. Préparer le bac, seul et dans un environnement hostile a été une véritable épreuve. Mais cette hostilité et ces difficultés ont nourri mon orgueil et forgé ma détermination, faisant de moi un travailleur acharné.

Au mois de juin 1969, je suis reçu. Mon succès est très mal vécu par les petits chefs de la base aéronavale de Dugny-Le Bourget où je suis affecté. Je suis alors transféré à la caserne de la Pépinière à Paris, pour faire la paie des matelots de la marine française. Je m'inscris en première année de licence en droit, et à cause de la situation géographique de la caserne (ou grâce à elle), je vais à la fac de Nanterre. Heureusement, cette fac a mis en place des horaires aménagés pour les étudiants salariés. Les travaux dirigés obligatoires de 19 heures à 20 h 30, environ trois fois par semaine, permettent de suivre ses études tout en travaillant. Là encore, la chance me sourit.

Je rencontre des mecs formidables avec qui je vais partager de grosses galères, mais toujours dans la joie. Il y a d'abord Jean-Marie Herbelin, facteur, qui sera mon colocataire d'une piaule à 300 francs par mois (mon salaire !) ; Ange Mancini, homme de ménage à la préfecture de police à l'époque, et Vincent Bolloré (c'est le seul ami que je partage avec Sarkozy), qui se débattait lui aussi au milieu de multiples difficultés. Notre attelage baroque ira malgré tout jusqu'au terme de la maîtrise en droit, sans anicroche. Entre-temps, Ange Mancini est devenu inspecteur contractuel à la Police judiciaire de Paris. C'est lui qui va m'inciter à entrer dans la police.

En juin 1973, c'est comme enquêteur et pour trois mois seulement – juste pour voir, comme au poker – que je fais mes premiers pas dans la police, au commissariat des Enfants-Rouges dans le IIIe arrondissement de Paris. J'y suis resté trente-cinq ans, conquis par ce métier dont je n'avais pas mesuré la dimension humaine. J'ai passé le concours d'inspecteur, puis de commissaire, pour finir contrôleur général – l'équivalent d'amiral dans la marine. Ange est devenu commissaire, il a gravi tous les échelons. Créateur et patron du Raid, il est aujourd'hui préfet de la Martinique. Jean-Marie Herbelin a acheté un cabinet d'assurances, il a bien gagné sa vie. Vincent Bolloré est devenu ce que chacun sait, mais vis-à-vis de nous, il est toujours resté aussi simple et proche. Nous sommes des amis de quarante ans, toujours complices, et cette amitié est un vrai trésor.

Je suis entré dans la police sans illusions, avec des idées toutes faites et plutôt négatives. J'avais peur qu'elle ressemble trop à l'armée. Les militaires préparent la guerre durant toute leur carrière et, heureusement, ils la font très peu. En arrivant aux Enfants-Rouges, j'ai heureusement découvert un autre monde. Dans la police, c'est l'action tous les jours. On ne s'entraîne pas à préparer une éventualité : on fait, on agit. Le policier est au centre des choses, de l'humain, de la vie, et hélas, trop souvent, de la mort.

La mort…

Mon premier mort, je l'ai justement découvert dans la police – tout au long de ma carrière, hélas, je devais en voir beaucoup d'autres.

Jusque-là, j'avais eu la chance de ne pas côtoyer la mort. Je n'avais même jamais vu un cadavre, même tout propre dans son lit, ni dans son cercueil, rien.

Aussi, lorsqu'un collègue m'a demandé un jour d'aller à l'hôpital pour une mise en bière, je n'étais pas très chaud. Mais je ne pouvais rien dire sans m'attirer de douteuses plaisanteries.

La mise en bière consiste à mettre un cachet de cire, au timbre du service, sur une vis d'un cercueil qui doit voyager, afin qu'il ne puisse être ouvert. Muni d'un tampon, du bâton de cire et de la queue-de-rat, je me dirigeai d'un pas peu allègre vers l'hôpital, pour satisfaire aux obligations légales.

J'entrai dans la morgue de l'établissement avec les mains moites et une boule dans la gorge qui prenait une ampleur gênante. C'était blanc, trop blanc. Tout était métallique, trop métallique : les armoires, les tiroirs, les tables… C'était froid, inhumain.

Le « morgueur » devina à ma tête que je n'étais pas un habitué des lieux. Son regard froid et vide acheva de me glacer jusqu'à la moelle.

La main tremblante, je lui tendis le papier où était inscrit le nom du mort qui devait faire l'objet des formalités. Il le prit, le lut et chantonnant avec un malin plaisir : « Où est-il ? Où est-il ? », il ouvrit et referma des tiroirs où je voyais apparaître et disparaître des visages cireux, où je sentais l'odeur presque palpable de la mort. Et le salaud de continuer : « Où est-il ? Où est-il ? » Abandonnant alors les tiroirs, il se dirigea vers la table derrière laquelle je m'étais réfugié et qui était couverte par un amas de chiffons blancs. « Où est-il ? Où est-il ? » Il enlevait les chiffons les uns après les autres. Tout à coup, je crus défaillir : de sous les chiffons, il venait d'extirper un enfant mort qu'il tenait par le pied, comme un lapin écorché. Âgé de six mois environ, ce petit pendait la tête en bas, sous le sourire amusé de ce fou.

J'ai lâché la boîte de cire et le tampon. C'est l'employé de la morgue qui a mis le tampon sur le cercueil et un cachet sur le papier. Il m'a rendu le tout et je me suis enfui lamentablement. Au premier bar, j'ai bu deux cognacs et attendu un peu que les couleurs me reviennent pour faire un retour acceptable devant mes collègues.

Aujourd'hui encore, et malgré de terribles spectacles, je revois ce bébé noir, si beau, pendant la tête en bas, empoigné par ce crétin haïssable.

Depuis ce jour, la mort, je l'ai côtoyée souvent, des morts horribles, des spectacles insoutenables. Il est terrible de dire que l'on s'y habitue. Pourtant c'est vrai. Mais jamais – et je ne suis pas le seul – on ne se fait à la mort d'un enfant. J'ai vu les plus durs, les plus aguerris, craquer dans ces moments-là.

La journée au commissariat était trépidante. De 8 heures du matin à 19 heures, les plaintes allaient du gag au drame.

La vie arrivait à nous par vagues (parfois par tempêtes), et nous passions du rôle de cow-boy à celui de confesseur, de grand méchant loup à petite sœur des pauvres, sans aucune transition. Ces événements inattendus reflétaient la diversité de la vie, ce qui me convenait parfaitement, et j'étais comme un poisson dans l'eau au milieu de cette accumulation baroque de cas.

Loin de nous occuper que du pénal, nous réglions les petits conflits, nous aidions les personnes âgées... Sans vraiment le savoir, chacun avait compris l'importance de l'équilibre entre prévention et répression et considérait le métier de policier comme un véritable service public.

Cet aspect du travail, même s'il peut paraître frustrant au début – parce qu'il est moins valorisant a priori que l'action pure –, est d'une richesse humaine peu commune.

Les flics fonctionnent beaucoup à l'affectif. Confrontés chaque jour à la misère humaine, ils se raccrochent à l'esprit d'équipe, au groupe qui permet d'accepter des choses qui sont insoutenables si on les vit seul.

Ils ont également besoin de la considération et du respect du monde extérieur, de la hiérarchie, de leurs dirigeants, et peut-être – surtout – de la population. Ils veulent que soient reconnues leur utilité, leurs difficultés. Ils n'admettent pas d'être considérés comme des adversaires – voire des ennemis, comme c'est souvent le cas aujourd'hui – par une population pour laquelle ils travaillent.

Après Saint-Cyr-au-Mont-d'Or (l'école des commissaires) et un an de stage à Limoges, j'ai été affecté à Saint-Amand-les-Eaux dans le Nord comme chef de circonscription en sécurité publique. C'était en 1977. C'est là que j'ai découvert la joie et les responsabilités du commandement. J'ai appris qu'être chef c'est montrer l'exemple, être le premier sur les coups durs, comprendre les difficultés, mais sanctionner quand cela s'avère nécessaire pour préserver le groupe, le service. Je suis redevenu chef de bande, comme à l'école, mais un chef de bande responsable et comptable de ses troupes.

Au-delà du judiciaire, j'ai découvert le maintien de l'ordre, les négociations, les charges, l'odeur des grenades lacrymogènes, le désespoir social.

J'avais un brigadier-chef qui veillait sur moi, comme sur le fils qu'il n'avait pas eu. Il voyait arriver bien avant moi les volées de boulons des manifestants et me tirait par la veste, en s'excusant, pour me sortir de leur trajectoire. Il me récupérait lorsque les manifestants, sous prétexte de discuter avec moi, s'emparaient de mon écharpe tricolore – ceinte imprudemment les glands en avant – pour me tirer au milieu de leur groupe.

J'ai appris, avec lui et avec d'autres, que l'emploi de la force est un échec, un dernier recours, en général le plus facile et le plus tentant.

À l'époque, l'usine Usinor de Denain fermait ses portes (7 000 ouvriers licenciés), déclenchant une véritable révolte des ouvriers de la sidérurgie.

Depuis plusieurs semaines les manifestations se multiplient. Ce matin-là, je suis avec une compagnie de CRS près de la frontière belge. Les manifestants, repoussés par les gendarmes belges, sont pris entre eux et nous. Il y a des heurts entre les forces belges et les manifestants français.

Je reçois un ordre incompréhensible – en tout cas inadmissible – par radio : « Dispersez-les ! » Surpris, je demande confirmation. « Dispersez-les ! » répète la radio.

Je refuse. Je ne veux pas être responsable d'un drame. Je négocie avec les manifestants et décide de les laisser passer devant nous, la compagnie de CRS rangée au bord de la route pour desserrer l'étau où ils sont pris. Il y a un risque pour nous s'ils ne jouent pas le jeu car nous nous mettons en position de faiblesse. Néanmoins, la manœuvre se déroule sans incident (curieusement la bande qui enregistre le trafic radio au commissariat de Valenciennes a été malencontreusement effacée, donc pas de trace de cet ordre stupide).

Quelques jours plus tard, le 6 mars 1979, des manifestants – environ quatre cents – venant de

Condé-sur-l'Escaut se dirigent vers Saint-Amand-les-Eaux. C'est le chemin logique pour leur retour à Denain. Mais, de mémoire de flic, on n'a jamais vu de manifestation violente à Saint-Amand.

Par précaution, je fais préparer le matériel de maintien de l'ordre – très rustique : un casque sans visière, une matraque, un imperméable et des grenades en verre rangées soigneusement dans des boîtes avec de la paille.

On nous annonce six cars et une vingtaine de voitures. Les manifestants se regroupent devant le commissariat. Ils sont chauds.

Je suis devant le commissariat avec un talkie-walkie, mon brigadier-chef et six gardiens de la paix, deux boucliers en carton-pâte pour seule protection.

Ceint de mon écharpe tricolore, je m'avance vers eux pour essayer de négocier. Je ne trouve pas de responsable, l'hostilité est évidente.

Nous reculons pour nous retrouver collés au mur. Les boulons pleuvent et les vitres de notre commissariat volent en éclats.

Heureusement, un escadron de gendarmes mobiles qui revenait de Condé-sur-l'Escaut a été dérouté pour nous venir en aide. L'arrivée des casques bleus – qui n'ont rien à voir avec ceux de l'ONU – nous donne un peu d'air. Les manifestants reculent. Mais ils se reprennent rapidement et une pluie de projectiles divers s'abat de plus belle sur nous.

Je demande au capitaine de l'escadron de charger doucement pour repousser les manifestants vers leurs cars, sans affrontement physique, car nous sommes conscients que la moindre étincelle pourrait mettre le feu aux poudres.

Peu à peu, les sidérurgistes remontent dans les cars et reprennent enfin la route de Denain.

Je félicite mes troupes (réduites) et téléphone au préfet de police du Nord à Lille qui, comme moi, se réjouit que cette affaire se soit réglée sans heurts.

Malheureusement, les sidérurgistes, sur la route du retour, un peu avant Denain, ont rencontré un collègue à la tête d'une compagnie de CRS. Le collègue et la compagnie escortent de très près les cars des manifestants.

À chaque arrêt, boulons et injures partent en direction des CRS. Pour une raison que j'ignore – peut-être sont-ils à bout de patience –, les CRS bloquent le dernier car du convoi de sidérurgistes, cassent les carreaux à coups de crosse et lancent des grenades lacrymogènes à l'intérieur. Après avoir laissé un peu mariner les occupants du bus dans le gaz, ils les font descendre et les fouillent. Ceux qui ont des boulons et des lance-pierres dans les poches se plaignent d'avoir été molestés.

L'annonce de cet incident fait rapidement le tour de la région.

On m'appelle dans la nuit pour m'informer d'une nouvelle manifestation. À 5 heures du matin, 7 000 sidérurgistes en colère prennent d'assaut le commissariat où nous nous sommes retranchés avec une compagnie de CRS. Quatre-vingt-dix-sept blessés (dont sept par balles) dans la nuit chez les policiers. Je demande l'autorisation de sortir du commissariat pour nous dégager. Réponse négative. En raison du danger, du désarroi des policiers mais aussi en tant que responsable de leur sécurité, je dois prendre les choses en main. Je fais ce qui me semble juste, convaincu que ma vision de la situation sur place est plus éclairée que celle des lointains hiérarques basés à Lille, à cinquante kilomètres de là. Ce jour-là, j'ai compris qu'en posant de mauvaises questions, on n'obtenait que de mauvaises réponses. Il ne faut pas demander à des gens qui ne veulent assumer aucune responsabilité de prendre des décisions difficiles.

Depuis, quand il s'agit de maintien de l'ordre, j'applique ce principe : être sur le terrain, préserver au maximum les manifestants tout en assurant la sécurité de mes hommes. Tous les mouvements sociaux que j'ai vécus m'ont appris le respect de ces gens désespérés, victimes d'un système qui privilégie le profit au détriment de l'humain. Le désespoir d'un homme qui perd son travail est un gouffre sans fond dans lequel il sombre, car son licenciement est l'absolue négation de sa dignité. J'ai toujours essayé de comprendre la colère de ces femmes et de ces hommes qui avaient tout perdu et de gérer au mieux ces conflits. Hélas, dans les situations de crise, c'est sur la police, symbole de l'État, que se focalise la haine, devenant un exutoire naturel à la colère, au grand désespoir des policiers.

Un maintien de l'ordre réussi, c'est un maintien de l'ordre où l'on ne charge pas, en tout cas pas avant d'avoir épuisé toutes les autres solutions. Souvent, les manifestants (sauf les groupes bien identifiés) n'ont pas très envie d'en arriver à l'affrontement physique.

La plupart du temps ils défendent leur boulot, ils sont à bout, et la police symbolise pour eux tout ce qui leur fait obstacle.

Il faut toujours laisser une issue aux manifestants. Une issue physique d'abord, pour qu'ils puissent échapper à une charge. Charonne est un exemple dramatique d'une charge de police sans retraite possible pour les manifestants[1]. Il faut également toujours ménager une issue psychologiquement honorable afin que chacun puisse sauver la face.

Je me souviens, à Nîmes, des années plus tard, de ces cheminots qui retenaient prisonniers des cadres de la SNCF. La situation était bloquée et le préfet me demandait de résoudre rapidement le problème. Les manifestants ne voulaient pas abandonner sans contrepartie, et moi je répugnais à employer la force. Après de longues négociations, ils ont accepté un marché. Ils voulaient que leur lutte soit médiatisée et ne paraître céder que devant la force. J'ai proposé de faire venir FR3, que les syndicalistes les laissent entrer et qu'une fois la télé à l'intérieur, on rentre en force mais sans violences physiques.

1. Le 8 février 1962, une manifestation est organisée pour dénoncer les agissements de l'OAS et réprimée sur l'ordre de Maurice Papon, alors préfet, avec l'accord du pouvoir en place. Les manifestants furent acculés contre les grilles de la station de métro Charonne. Neuf personnes périrent écrasées par la foule.

Le marché était risqué pour les deux parties et la solution reposait sur une confiance mutuelle. De leur côté, les cheminots pouvaient craindre que nous profitions de l'ouverture de la porte aux journalistes pour entrer. De mon côté, je n'avais que quinze fonctionnaires de la BAC en tenue de maintien de l'ordre, alors que les manifestants étaient une bonne quarantaine. J'avais affirmé que, bien qu'ayant une compagnie de CRS en renfort non loin de là – ce qui était faux –, je préférais intervenir avec mes gars, en qui j'avais toute confiance, pour gérer l'intervention comme nous en étions convenus, c'est-à-dire sans violence de part et d'autre. Le rapport numérique n'étant pas en notre faveur, nous risquions de nous mettre en danger. Je briefai les gars qui acceptèrent le risque.

Les journalistes de FR3 arrivèrent, caméra à l'épaule, ravis de l'aubaine mais un peu étonnés de la situation. Les manifestants firent entrer la presse et, quelques minutes plus tard, tout le monde était prêt. Nous enfonçâmes la porte qui céda assez facilement et entrâmes, casqués, l'air féroce, sous les huées et les insultes des manifestants. Le tout devant l'objectif des caméras. Les personnes retenues furent délivrées et les occupants évacués.

Tout le monde y avait trouvé son compte. Nous avions rempli notre mission, les syndicats avaient sauvé la face en ne cédant que devant la force. Les journalistes avaient de bonnes images et personne n'était blessé (sauf la porte).

Voilà, parmi beaucoup d'autres exemples, la façon dont on peut conduire un maintien de l'ordre quand les conditions sont favorables.

Au congrès de Saclay, le 10 octobre 1989, j'ai été élu à l'unanimité par mes collègues, secrétaire général du Syndicat des commissaires et hauts fonctionnaires de la police nationale pour un mandat de trois ans. Mon prédécesseur, Daniel Duglery (de la même promotion que moi), très marqué à droite, désirait s'en aller avant la fin de son mandat, pensant que j'étais l'un des rares à pouvoir garantir le corps des commissaires contre les menaces qui pesaient sur lui et à œuvrer pour le rapprochement avec les autres corps, ce qui était vital pour nous et pour la police en général.

Mes idées, je les martèle : le syndicat doit être apolitique, notre technicité doit nous rendre incontournables et notre préoccupation doit s'étendre à l'ensemble de la police.

Libération titrera : « Du passé les commissaires veulent faire table rase ». (Titre qui me vaudra quelques suspicions.) *Le Monde* écrira : « La nouvelle équipe dirigeante fait le pari de la réforme, du dialogue, de la modernisation ». *Le Figaro* précisera : « Jean-Pierre Havrin, élu hier secrétaire général du Syndicat des commissaires, plaide pour la modernisation de la police et pour de nouvelles relations entre supérieurs et subordonnés ». *Le Point* enfin, me classant dans la catégorie des « hommes en forme », notera que mon « élection marque une volonté de décrispation » et que « les commissaires entendent désormais jouer la carte du dialogue, tant avec leur ministre qu'avec les syndicats de policiers, de magistrats… et avec les gendarmes ».

Le dernier jour du congrès, le ministre de l'Intérieur, Pierre Joxe, commence ainsi son discours :

« Le congrès d'une organisation syndicale est toujours un moment important de réflexion… De réflexion tournée vers l'action, et je crois que le travail que vous avez accompli est de bon augure pour l'avenir. »

« Réflexion tournée vers l'action »... J'ai le sentiment agréable que nous avons été compris. Joxe lui aussi partage cette volonté de sauver la police nationale, malade de ses archaïsmes. Il dit ce que j'aurais pu dire :

« Un service public qui n'évolue pas en fonction de l'évolution de la société meurt. Un service public qui ne s'adapte pas aux besoins de la société est remplacé par d'autres, d'autres services publics ou services non publics. »

Le congrès terminé, après cette élection, il me faut devenir réellement secrétaire général, le représentant des commissaires. Je ne connais qu'une solution : aller au-devant de mes collègues, les rencontrer sur le terrain.

Je me lance alors dans un tour de France épuisant. Plus de trente réunions en quelques mois. Je rencontre plus de mille commissaires. Parfois, j'ai l'impression d'être assis, face aux collègues, sur le banc des accusés. J'en prends pour mon grade. Je reçois leurs inquiétudes, leurs critiques, leurs suspicions de plein fouet. J'ai alors, le soir, le sentiment de rentrer à ma base avec un gros sac rempli de pierres noires et lourdes.

Mais ce tour de France n'est pas non plus un chemin de croix. Peu à peu, mes collègues font de moi leur représentant et je me nourris à la source de leurs réflexions. Peu à peu, j'approche la réalité du corps, je deviens légitime. Ma connaissance n'est plus théorique, elle devient réelle. Des centaines de visages, de voix ont forgé ma connaissance. Je suis conforté dans ma façon de faire, j'ai la démonstration journalière que si la bonne foi peut être une faiblesse, elle est pour moi une force.

Les débuts ont été difficiles, j'ai donné ce que j'avais dans les tripes. Heureusement, je n'ai pas vu tous les pièges et j'ai suivi mon chemin. Quand j'y repense, je me compare au bonhomme, dans les dessins animés, qui marche sur la falaise, puis dans le vide : tant qu'il ne regarde pas en bas, il ne tombe pas.

Mon mandat m'oblige aussi à rencontrer les « grands » de ce monde. Je vois souvent le ministre de l'Intérieur, d'abord Pierre Joxe, puis Philippe Marchand. J'essaie de faire passer mon message. Je voudrais qu'ils partagent mon opinion sur la police, sur le corps des commissaires, qu'ils sachent qui nous sommes, quels sont nos vrais problèmes et où sont les bonnes solutions.

Il n'est pas facile de convaincre un ministre qui est abreuvé d'informations souvent contradictoires, un homme plus habitué à raisonner politique que technique. Mais l'avantage de pouvoir situer son action à ce niveau-là, c'est qu'en cas de succès, les idées prennent une ampleur nationale et peuvent aboutir.

Contrairement à ce que je croyais naïvement, la décision du ministre n'est en général pas suffisante. Il faut en effet, curieusement, convaincre l'Administration de bien vouloir appliquer les décisions ministérielles. La force d'inertie de cette machine est un défi à l'intelligence et chaque changement paraît lui arracher les tripes. Pour l'Administration et ceux qui la composent, il semble exister un culte de l'immobilisme. Le premier qui bouge a perdu.

Pour un syndicaliste, ce combat est épuisant et rien n'est jamais gagné. Jour après jour, il faut pousser, tirer, crier. Souvent, il faut revenir vers le ministre pour qu'il exige que sa décision soit appliquée. L'ennuyeux, c'est que toute l'administration de la police est faite de non-policiers, composée en particulier de gens du corps préfectoral.

L'absence de policiers entraîne de nombreux problèmes et une incompréhension nuisible à la bonne marche de la maison. C'est vrai que les couloirs du pouvoir ont une odeur spéciale, l'ambiance est feutrée, mais les flèches volent bas. Il faut avoir une mentalité particulière pour se sentir à l'aise en ces lieux.

Il existe une race qui peuple cet endroit et qui court partout, l'air débordé, un dossier sous le bras : le « lapin de corridor ». Il paraît que cet animal hante tous les ministères et que l'espèce n'est pas en voie de disparition !

Atteindre la sagesse, pour le lapin, c'est devenir « escargot d'antichambre ». Lequel fait le même travail, un dossier sous le bras, mais, plus sage, ne court plus. Il a tout compris.

Cela étant posé, il faut s'en accommoder et réussir à faire avancer les dossiers et les grands chantiers qui sont ouverts. Les négociations sont difficiles, les journées sont longues, jalonnées de réunions, de repas, de bonnes et de mauvaises nouvelles.

Ceux qui n'ont que l'intérêt de la police en tête trouvent sur leur route des gens qui ont bien d'autres motivations. Les cartes sont souvent truquées. Qu'il est difficile d'échapper à la politique ! Toute action, tout acte, toute déclaration ou prise de position peut être exploité politiquement. Par un camp ou par l'autre, par le pouvoir en place ou par l'opposition.

En 1992, à la fin de mon mandat de secrétaire général du SCHFPN, j'ai été affecté à Nîmes au poste de directeur départemental de la Sécurité publique du Gard.

Le Gard est un département intéressant, très divers. Les Nîmois, partagés entre protestants et catholiques, se disent eux-mêmes « reboussiers », c'est-à-dire enclins à la critique, toujours prêts à prendre le parti du contraire et du refus – l'histoire nous confirme d'ailleurs ce penchant. Ils n'ont rien à voir avec les habitants d'Alès, Cévenoles protestants, montagnards, eux-mêmes encore différents des gens de Beaucaire, proches de Tarascon et plutôt tournés vers le Midi.

La gestion de ce département n'est donc pas simple. Toutefois, un dénominateur commun réunit toute cette diversité : la tauromachie. Ce territoire, un peu éclaté, trouve sa cohésion dans le *mondillo*, le petit monde des passionnés de corrida. Le fait d'être un aficionado m'a permis de m'intégrer plus facilement dans ce département.

Nous sommes le 13 juin 1997. Cela fait cinq ans que j'occupe les fonctions de directeur départemental de la Sécurité publique du Gard. Je suis chez moi ce jour-là quand le téléphone sonne.

C'est Patrice Bergougnoux, qui vient d'entrer au cabinet de Jean-Pierre Chevènement. (Chirac a eu la bonne idée, quelques jours plus tôt, de dissoudre l'Assemblée nationale, et la gauche est revenue au pouvoir.) Il m'annonce que le nouveau ministre de l'Intérieur désire me voir le lendemain, à Paris, place Beauvau. Je suis surpris car je ne connais pas personnellement Chevènement, mais le fait que ce soit Patrice qui m'appelle me permet de penser que Joxe m'a recommandé auprès de son collègue. (Je n'ai d'ailleurs jamais demandé à Joxe ni à Chevènement comment cela s'était passé.)

Chevènement me reçoit dans son bureau en compagnie de Patrice. Son sourire et son œil pétillant de malice me mettent tout de suite à l'aise. Cet homme respire l'intelligence et l'humour.

Sans détour, il me demande de lui raconter brièvement mon parcours. J'entame un morceau de bravoure sur ma vie chaotique.

Redoublement de la 5e, de la 3e, échec au bac, engagement dans la Marine, arrivée dans la police par hasard… Durant cette première partie, Bergougnoux se tasse un peu dans son fauteuil, et je ne peux m'empêcher de penser qu'il est en train de comparer mon cursus à ceux des autres membres du cabinet (énarques, conseillers d'État, intellectuels de haut niveau...) Peut-être craint-il que la comparaison ne me nuise.

Je continue quand même : licence, maîtrise de droit, enquêteur, commissaire, secrétaire général du Schtroumpf. Je lui dis aussi mon amour du métier, mes convictions, ce qu'il faudrait faire et comment, ce que doit être la police...

Il m'écoute avec attention et amusement, puis à la fin de l'entretien, il m'informe qu'il m'appellera la semaine prochaine pour me faire savoir sa décision de m'intégrer ou non dans son équipe.

Je reprends le train pour Nîmes en fin d'après-midi, conscient d'avoir rencontré un homme déterminé, qui sait où il veut aller. Je n'aurai pas longtemps à attendre sa réponse. Dans le train, mon téléphone portable sonne. C'est Chevènement :

« Soyez au cabinet à Beauvau lundi ! »

Nous sommes vendredi et, comme on disait dans la marine, le temps de la réflexion et de l'organisation sera remplacé par un coup de sifflet bref.

Ma famille, bien qu'habituée aux changements rapides et fréquents dus à mon métier, est un peu perturbée. Mon épouse, heureusement, aguerrie par de nombreux déménagements, m'a soulagé comme d'habitude de toutes ces contingences.

Quelques jours avant la dissolution de l'Assemblée nationale, mon préfet m'avait menacé de demander mon départ suite à quelques différends, en particulier avec mon collègue des Renseignements généraux.

L'origine de ce conflit remontait à l'époque de mon mandat syndical, période pendant laquelle j'avais défendu une réforme qui créait dans chaque département un DDPN (directeur départemental de la police nationale). L'avantage de cette innovation consistait dans le fait qu'un seul directeur avait sous son commandement la SP[2], les RG et la Paf[3]. Bien sûr, la PJ et la DST étaient exclues de ce dispositif. Cette réforme « intelligente » et profitable à l'efficacité de la police avait été mise en place au plan national à mon arrivée à Nîmes où je suis donc devenu DDPN (nouvelle appellation après DDPU puis DDSP). D'ailleurs, lorsqu'on me demandait de quelle façon on devait m'appeler – ces changements créant une certaine confusion –, et constatant la stabilité des deux premières initiales du sigle, je disais en plaisantant :

« Appelez-moi Dédé ! »

2. Sécurité publique.
3. Police de l'air et des frontières.

La réforme avait été assez mal vécue par les Renseignements généraux (bien que certains DDPN en soient issus) et en particulier par ce responsable des RG du Gard qui était devenu mon adjoint. Le retour de la droite allait mettre fin – une fois de plus – à ce remaniement pourtant efficace. C'est alors que beaucoup de mes collègues, désireux que ce dispositif ne soit pas abandonné et devant l'inertie de mon successeur (originaire des RG lui aussi), se sont tournés vers moi en tant qu'ancien secrétaire général du SCHFPN.

Durant cette période, j'ai reçu beaucoup d'appels téléphoniques provenant de toute la France et certains collègues sont même venus jusqu'à mon bureau à Nîmes pour me rencontrer. Je n'ai fait aucune déclaration, ni pris aucune position officielle sur ce sujet.

Quelle ne fut pas ma surprise de recevoir un jour un appel téléphonique de Charles Pasqua me disant simplement – à sa façon :

« Havrin, vous savez que je vous aime bien, mais je vous signale que vous n'êtes plus couvert par aucun mandat syndical. À bon entendeur, salut ! »

L'avertissement était clair… Mais, comment était-il au courant des appels de mes confrères et des discussions qui avaient eu lieu dans mon bureau ?

Je ne voulais pas paraître parano, mais plusieurs indices troublants m'inclinaient à soupçonner que mon collègue des RG essayait de gagner des points sur mon dos auprès de la droite revenue au pouvoir. Il était possible qu'on me « surveille »...

Je me suis ouvert de ce problème à une de mes relations de la DST. À ma grande surprise, il a pensé que mes soupçons étaient peut-être fondés et m'a proposé de m'envoyer (discrètement) une équipe de « démineurs » pour qu'ils « nettoient » mon bureau. Ceci fut fait nuitamment. Les spécialistes trouvèrent des fils suspects sous la moquette (mais plus de micros) et des pinces crocodile – couramment utilisées pour les écoutes – dans le répartiteur téléphonique, qui n'avaient rien à faire là.

Je n'ai pas ébruité cette affaire, mais je l'ai bien évidemment prise en compte.

Il se trouve que ce collègue des RG (qui, je dois le dire, n'est pas représentatif dans la profession) s'amusait (bêtement) à mettre son véhicule de service sur la voie de départ des fourgons de police secours, les obligeant à des manœuvres compliquées. Mes gars étant excédés par cette mesquinerie et, suite à moult récriminations de leur part, je décidai d'appeler le fautif pour lui demander de garer sa voiture à l'emplacement qui lui était réservé. Devant son refus, je lui précisai que si cela continuait, je faisais enlever son véhicule par la fourrière. Il me répondit laconiquement : « Chiche ! »

Bien évidemment, une demi-heure plus tard sa voiture de service était sur le camion du dépanneur, direction la fourrière.

Le lendemain (comme par hasard) un encart dans la presse faisait état de l'incident. Le préfet était furieux (à juste titre) mais, bien sûr, il n'avait pas en main tous les éléments du dossier.

Évidemment, quand ce même préfet apprend la nouvelle de ma nomination alors qu'il a menacé de me renvoyer, il est désagréablement surpris, voire inquiet. Il m'appellera au cabinet pour m'inviter à déjeuner et parler de son avenir. Il s'était en effet retrouvé rapidement sans poste. Lors des changements politiques, les préfets font souvent l'objet de mutation, voire de mise au placard lorsqu'ils sont très marqués politiquement. C'était le cas de ce haut fonctionnaire. J'avais d'ailleurs accepté son invitation à déjeuner pour lui faire comprendre que je ne pouvais rien pour lui. Sa mésaventure était inhérente au statut du corps préfectoral.

Le lundi, je suis arrivé tel un explorateur en territoire inconnu. Seul flic dans ce cabinet, je suis entouré de gens très diplômés et beaucoup plus « politiques » que moi.

L'accueil a été chaleureux et convivial. Jean-Pierre Duport, un grand préfet et directeur de cabinet, m'a tout de suite pris sous son aile. De plus, dès la première réunion, le ministre a dit à tout le monde que je devais être intégré dans l'équipe sans restriction. Ce qui a vraiment été le cas.

D'ailleurs Chevènement m'avait dit :

« Ici, Jean-Pierre, vous êtes un peu le canard noir. »

J'avais rectifié en précisant ma préférence pour « poulet noir ».

Dès le premier jour, je me suis retrouvé avec des piles de parapheurs. La masse à gérer était impressionnante. Il y avait les projets à concevoir, les discours du ministre, le quotidien fourni de la police… J'étais au bureau de 8 heures du matin à 23 h 30 en moyenne. Ces horaires déments ne me permettaient même pas d'être quotidiennement à jour dans mon travail. Les huissiers, telle une noria sans fin, apportaient inlassablement des parapheurs et les commandes ministérielles pleuvaient dru.

Peu à peu, j'ai pris la mesure des choses et appris à nager entre l'urgent, le très urgent et le très très urgent (TTU !) inscrit sur les dossiers. Il a fallu également gérer le téléphone, les vraies affaires, les demandes de piston. J'ai découvert avec étonnement le nombre de fonctionnaires de police qui se disaient (depuis longtemps) chevènementistes pur sucre.

C'était un régal de travailler avec Chevènement, un vrai plaisir que de côtoyer cet homme intelligent, cultivé et doté – chose rare et méconnue – d'un grand sens de l'humour. J'aimais les moments où nous recevions ensemble des visiteurs. Je me souviens de son regard quand la porte s'ouvrait et qu'il mettait en marche son « radar à cons ». Il avait horreur des flatteurs et des fayots, quelle que soit leur place dans la hiérarchie. J'ai le souvenir de cet homme (important) qui était venu, tout en courbettes, avec un projet de discours :

« Monsieur le ministre, pour écrire ce discours, je me suis inspiré de vos idées, je me suis pénétré de votre style… »

Le coupant net, Chevènement répond :

« Mon style, monsieur, c'est sujet, verbe, complément. »

Il prend les feuillets du discours, les parcourt d'un œil distrait, se trouve vers moi et assène :

« Jean-Pierre, on va le refaire. »

L'homme en face de nous a eu du mal à garder une contenance.

Lorsqu'il n'était pas satisfait d'un projet – peu importait qu'il émane d'un proche collaborateur ou même d'un ami –, la sentence tombait, sans concession :

« Ceci n'est pas pensé ! »

Ce jugement lapidaire réduisait généralement son interlocuteur en miettes. Il avait une moue typique – la bouche en cul de poule et les yeux plissés – lorsqu'il était dubitatif, ce qui avait incité les flics, friands de surnoms, à l'appeler… Mister Bean ! Des journalistes m'avaient d'ailleurs téléphoné au sujet de ce sobriquet que je ne trouvais pas du tout approprié. Je leur avais affirmé qu'entre nous (ce qui était presque vrai), nous l'appelions le « Che » en référence à Che Guevara. Heureusement, ce surnom l'a peu à peu emporté sur l'autre, et notre Che a pu faire sa révolution policière en créant la police de proximité.

Pour un républicain comme lui, le concept de police de proximité était naturel : une police au service de la population et non pas du pouvoir. Mais elle n'a pas été facile à mettre en place…

À l'époque, le directeur général de la police nationale était Claude Guéant. Guéant, préfet de son état, était un homme courtois, affable, intelligent, qui connaissait tous les arcanes de la police où il avait occupé de nombreux postes. Mais il était redoutable et certainement pas de gauche. (La preuve de son engagement est faite aujourd'hui.) Chevènement, qui a une haute opinion des préfets, ne voulait voir en lui qu'un « grand serviteur de l'État ». Personnellement, j'ai toujours pensé qu'il ne jouait pas totalement le jeu avec nous. Bien sûr, il ne disait jamais non au ministre, mais je sentais bien que les « tuyaux étaient tordus » dès le départ et que certains dossiers prenaient le chemin des écoliers.

Oui, c'est peut-être aussi à cause de mon parcours que je me suis retrouvé en première ligne devant Nicolas Sarkozy. Lui ne côtoie pas ces gens-là, il ne connaît ni leurs difficultés ni leurs misères. Bien sûr, il en a entendu parler, mais de loin, par ouï-dire. C'est peut-être pour cela que le mot « proximité » lui écorche la bouche. Proposer des solutions simples (voire simplistes) à des problèmes compliqués, c'est facile mais parfaitement inefficace. Faire de la gesticulation plutôt que de la gestion, ça se vend bien médiatiquement mais ça ne résout rien ; ça ne fait qu'aggraver la déception et la défiance.

3

L'idée de la police de proximité n'est pas arrivée toute faite, sur un plateau. Elle est le fruit du constat des échecs que la police d'ordre connaissait depuis des années et le résultat d'observations menées sur le terrain.

En effet, la politique de nos prédécesseurs (Pasqua et Debré) n'avait pas résolu le problème de la délinquance.

Lors de son premier passage comme ministre de l'Intérieur, Pasqua avait été apprécié par les policiers. Il avait essayé de faire avancer la police et « de terroriser les terroristes ». Mais sa vision était celle d'une police d'intervention, et ses convictions politiques étaient parfois dangereuses. D'ailleurs, dans une émission télévisée en 1987, il avait déclaré :

« La démocratie s'arrête là où commence la raison d'État. »

Sa façon de dire aussi aux policiers « je vous couvre » pouvait conduire à des abus, voire des bavures, et à des désillusions pour ceux qui se retrouveraient seuls devant un tribunal sans « couverture ».

Pasqua avait cette formule, que Sarkozy a faite sienne et qui semble guider son action :

« Les promesses des hommes politiques n'engagent que ceux qui les reçoivent. »

Debré quant à lui n'a pas laissé de souvenir marquant aux policiers, si ce n'est qu'il a réussi l'exploit de mettre au placard, le même jour, deux des plus grands flics de la PJ, mes amis Claude Cancès et Ange Mancini.

Le nez dans le guidon, « faisant » de la police au jour le jour, je n'avais jamais théorisé sur cette notion de proximité. Néanmoins, il me semblait évident que la police devait, par souci d'efficacité et de compréhension, être proche de la population. C'est à partir de ce constat que l'organisation, les missions et l'essence même de la police allaient changer.

À mon arrivée au cabinet de Chevènement, le bilan était mauvais. L'incompréhension était forte entre la police et la population. La rupture était consommée avec les jeunes, en particulier dans les quartiers difficiles. J'avais constaté aussi que si les gens n'aiment pas les flics en général – ce que j'appelle le « syndrome de Guignol » : on aime bien taper sur la tête du gendarme –, ils apprécient « leur » flic, celui qu'ils connaissent et qu'ils voient tous les jours. Certains principes découlaient naturellement de ce constat. Il s'avérait nécessaire d'organiser une police prenant en compte les habitants et le territoire.

Il fallait en premier lieu découper la ville en secteurs pour y installer des policiers qui seraient attachés à une zone et une seule. C'est le principe de base. Le policier doit s'approprier le territoire et les habitants. De la même manière, les habitants du secteur doivent peu à peu adopter « leur » flic.

De plus, pour rompre avec l'expérience des îlotiers de la police nationale, il fallait que le policier de secteur soit « intouchable », c'est-à-dire que l'on ne puisse pas s'en servir pour d'autres tâches. Les îlotiers, dans toutes les villes où ils existaient, avaient systématiquement subi cet inconvénient qui avait tué leur efficacité. Chaque fois que l'on manquait d'effectifs, on s'en servait ailleurs : maintien de l'ordre, conduite des détenus au tribunal, etc. Les gens de leur quartier les voyaient rarement et, fatalement, ne croyaient plus en leur efficacité. On puisait sans arrêt dans ces effectifs devenus une variable d'ajustement.

Il fallait donc vraiment que le policier soit sur son secteur de façon continue pour espérer une réussite. De même, il ne devait pas être qu'un simple îlotier ne faisant que de la prévention, mais un policier de plein exercice sur une zone bien définie, où il devait être à même d'exercer un travail de prévention comme de répression. Même s'il pouvait faire appel à des renforts en cas de coup dur, il devait être capable de traiter la majorité des difficultés de son quartier.

Cette notion nouvelle de la mission du proximier était également valorisante pour les fonctionnaires de police, qui devenaient responsables d'un territoire et d'une partie de la population. Cette idée était fondamentale dans la réussite de l'opération. Le gardien de la paix prenait une nouvelle dimension. Finie la plante verte qui montait la garde devant une porte en attendant que le chef arrive…

J'avais constaté à quel point cette notion de proximité était importante dans les pays où elle avait été appliquée, comme le Royaume-Uni, les

Pays-Bas ou le Canada, qui pour moi étaient des exemples déterminants.

J'ai voulu aussi étudier de plus près ce que faisaient les Américains dans ce domaine. À New York, par exemple, la reprise en main initiée par le maire Giuliani, basée sur le *Community policing*[1], avait permis d'améliorer considérablement le quotidien des habitants ainsi que la sécurité. Nous avons donc organisé un voyage d'étude de quelques jours à New York et à Washington. Je suis parti avec deux collègues commissaires divisionnaires, Alain Gardère de la Direction centrale de la sécurité publique, et Rudolph Hidalgo de la Direction centrale de la police judiciaire.

Nous avons été reçus très agréablement par les collègues américains, très fiers de leur système et ne nourrissant aucun doute quant à son efficacité. À New York, en particulier, ils avaient doublé l'effectif des policiers dès le début de l'expérience. Leur philosophie nouvelle s'appuyait sur la théorie du *broken window*, selon laquelle il faut intervenir dès la première vitre cassée et ne jamais laisser une dégradation prendre de l'ampleur. Ils étaient convaincus que

1. Cette police orientée vers la communauté est un concept canadien.

la première entraînait les autres et que tout état de délabrement ne faisait qu'aggraver le problème.

C'est la vérité. Les dégradations sont un cercle vicieux, une spirale infernale.

La différence majeure avec la France, c'est qu'ils s'appuyaient sur les communautés. Des policiers italiens pour le quartier italien, des juifs pour le quartier juif, des chinois pour le quartier chinois, des irlandais pour le quartier irlandais. Il n'existe pas chez eux cette notion d'intégration que cultive, fort heureusement, la République française.

Au-dessus de ces policiers, il y avait une hiérarchie très dure, elle-même surveillée et évaluée en permanence. J'ai pu assister au *compstat*, cette réunion hebdomadaire pendant laquelle tous les chefs de secteurs sont évalués. Chaque semaine, les problèmes sont décortiqués, on examine les mesures prises, les résultats, et les chefs de service défaillants sont rapidement écartés.

Il n'était pas question pour nous de copier le système américain, qui n'est pas adaptable en France. Il se situait dans un contexte totalement différent : l'organisation judiciaire n'a rien à voir avec la nôtre, les rapports de force ne sont pas les mêmes et la police jouit d'une toute-puissance heureusement impensable en France.

Nous avons beaucoup fait rire nos collègues américains lorsque nous leur avons expliqué que nous devions être en état de légitime défense pour pouvoir tirer sur un individu. Attendre de se faire tirer dessus pour pouvoir riposter leur semblait relever du plus haut comique. « Et si le gars que vous braquez se tourne et s'enfuit, que faites-vous ? » demandaient-ils Notre réponse (« On court après ») nous faisait passer pour des gens peu sérieux.

Notre passage à Washington ne nous a pas montré des choses différentes, si ce n'est cette étonnante coexistence de deux mondes parallèles au sein de la capitale américaine. Au premier abord, c'est une ville agréable et policée. Mais une nuit, au cours d'une opération derrière la gare, nous avons découvert un ghetto noir sorti tout droit d'un film d'anticipation et évoquant la vie de survivants après la fin du monde. En voiture, harnachés d'un gilet pare-balles pesant, survolés par deux hélicoptères éclairant notre intervention, nous avons été impressionnés par la misère et la violence, celle des délinquants, bien sûr, mais aussi la violence des policiers pour qui le danger de mort est omniprésent.

De retour des États-Unis, j'ai fait une note très courte au ministre en reprenant les points importants de la police de proximité : découpage en secteurs, chaque secteur couvert en permanence par les mêmes fonctionnaires, policiers de plein exercice, s'appuyer sur la prévention et la connaissance du quartier pour déboucher sur une répression efficace et éclairée. En bref, rendre la police à nos concitoyens.

Le retour de ma note ne tarda pas. En marge de chaque point, les annotations du Che étaient claires et la conclusion concise :

« Oui, on fait. »

Il fallait passer maintenant de la théorie à la pratique et donner une réalité à cette police de proximité.

Évidemment, cette mise en place ne pouvait pas s'effectuer sans passer par l'Administration. Et là, le chemin serait semé d'embûches... Entamer cette révolution culturelle au sein de la police nationale n'était pas chose facile, même avec des gens convaincus. Il fallait surtout compter avec les mauvaises volontés, avec ceux qui étaient opposés au projet, qui étaient systématiquement contre ce que pouvait faire la gauche, contre les idées nouvelles ou la remise en cause des dogmes. L'exercice était épuisant et demandait une attention de tous les instants afin d'éviter les dérives. Le plus dur d'ailleurs, comme toujours avec l'administration, c'est qu'on n'a jamais affaire à une opposition frontale, mais à une force d'inertie qui pèse insidieusement sur les projets.

Nous avons très rapidement décidé d'expérimenter la police de proximité dans cinq villes de France : Nîmes, Châteauroux, Beauvais, Les Ulis et Garches. Plus tard, les résultats probants de ces expérimentations nous conduiront à l'étendre à toute la France.

La présence de Chevènement dans ce gouvernement permettra enfin à la gauche de parler de sécurité sans complexe. D'ailleurs je ne voyais, et je ne vois toujours pas, en quoi la philosophie de la gauche pouvait être incompatible avec la sécurité. Après tout, la sécurité n'a rien d'un problème tabou ! Ce qui fait toute la différence, ce sont les solutions qu'on y apporte, la façon dont on aborde la question et la place de l'humain dans le dispositif mis en place.

Auparavant, le Che avait eu l'idée d'organiser un colloque intitulé « Des villes sûres pour des citoyens libres » à Villepinte les 24 et 25 octobre 1997, dont le but était de définir les orientations du gouvernement Jospin en matière de sécurité. L'idée de génie du Che a été de mettre au centre du débat l'idée que « la sécurité est la première des libertés » et d'affirmer que la sûreté était l'un des droits fondamentaux de l'homme et du citoyen. La Déclaration de 1789, dans son article 2, le proclame d'ailleurs haut et fort. Par conséquent, ceux qui défendent la sécurité défendent la liberté. La sécurité de gauche n'est pas liberticide. Répétons-le une fois de plus : ce sont les solutions qu'on apporte aux problèmes de sécurité qui font toute la différence.

Au départ, ce colloque avait des ambitions modestes et ne concernait que le ministère de l'Intérieur. Mais la participation du Premier ministre et de l'ensemble des ministres allait lui donner une ampleur nouvelle. Les orientations définies par Lionel Jospin s'appuyaient sur la nécessité de garantir la sécurité quotidienne des citoyens sur l'ensemble du territoire, selon trois principes directeurs : premièrement, la sécurité est d'abord de la responsabilité de l'État (il faut le rappeler aujourd'hui avec force à un gouvernement qui se désengage de plus en plus) ; deuxièmement, la sécurité doit être la même pour tous ;

troisièmement, la sécurité dépend largement des relations établies entre les services qui en ont la charge, et la population.

Ce constat entraînait certaines mesures : affectation prioritaire des moyens dévolus à la sécurité dans les zones géographiques où la délinquance est la plus forte, action contre la délinquance des mineurs, mise en œuvre d'une véritable police de proximité afin d'améliorer notamment l'aide aux victimes de la délinquance.

L'efficacité de la police de proximité serait renforcée par deux dispositifs essentiels : les contrats locaux de sécurité et le recrutement des adjoints de sécurité.

En 1999, 15 000 adjoints de sécurité seront en place. De plus, dans le cadre des emplois jeunes, seront créés 15 000 emplois d'agents locaux de médiation sociale.

La bataille qui s'ouvrait, le Che la résuma en trois mots (qui lui vont comme un gant) : citoyenneté, proximité, efficacité.

À cette époque, le constat est sévère. Les crimes et les délits sont passés de 500 000 par an au début des années soixante, à plus de 3,5 millions ces dernières années. Ces chiffres ne représentent que les actes connus et reconnus, et au-delà des délits proprement dits, la progression des « incivilités » est aussi inquiétante et contribue au sentiment d'insécurité.

Lors du colloque, Jean-Pierre Chevènement souligna avec justesse l'abaissement de l'âge des délinquants. La croissance de la délinquance des mineurs manifestait clairement l'échec de la société tout entière, son impuissance à transmettre ses valeurs et à faire respecter ses règles les plus élémentaires.

Il insista aussi sur le fait que l'insécurité frappait plus durement les plus faibles et les plus démunis de nos concitoyens, les plus pauvres ou les plus âgés. (Les Français ne sont pas égaux devant l'insécurité : 80 % des faits délictueux sont constatés dans les vingt-sept départements les plus urbanisés.)

Enfin, le ministre de l'Intérieur mit l'accent avec force sur le fait que la sécurité n'est pas que l'affaire de la police, mais qu'elle doit être envisagée comme une coproduction. La sécurité, c'est l'affaire de tous : police, gendarmerie, justice, Éducation nationale, logement, emploi et solidarité, politique sociale.

Évoquant sa propre expérience de maire, il déclara :

« Je sais qu'il y a un rapport entre l'urbanisme et l'urbanité. »

La sécurité, c'est aussi l'affaire des élus locaux et des associations, car ils sont au plus près du quotidien des quartiers. S'appuyer sur la citoyenneté pour améliorer la sécurité part d'un constat évident pour les hommes de terrain.

Garantir la sûreté des biens et des personnes est la première mission de l'État. Mais l'État seul, sans l'appui des citoyens, ne peut réussir. Il faut une adhésion, un pacte républicain qui lie nos citoyens à la société à laquelle ils appartiennent. Ils doivent être convaincus – nous devons les convaincre – d'adhérer à ce pacte qui leur donne des devoirs et des droits, les droits du souverain : le Peuple.

La répression pure et dure est un échec. L'angélisme est un échec. Une phrase des travaillistes britanniques, reprise par les policiers de New York, résume bien la problématique :

« Il faut être dur avec le crime, dur avec les causes du crime. »

Privilégier cet équilibre entre les conditionnements sociaux et la responsabilité personnelle est nécessaire.

Dans cette coproduction, il faut aussi insister sur l'autorité parentale qui joue un rôle décisif dans l'apprentissage des premières règles de la vie en société. La disparition de l'autorité familiale est un handicap majeur dans la socialisation des enfants. Il faut faire comprendre et accepter par un enfant la distinction élémentaire entre le licite et l'illicite. La perte de tout repère des adolescents délinquants pose un vrai problème à notre société.

L'école doit également préparer les adolescents à leur rôle de citoyen afin qu'ils soient à même de juger et de souscrire librement au pacte républicain.

Le Che concluait ce chapitre en précisant que si la République est un régime de liberté, elle ne saurait être un régime de faiblesse.

Sur le terrain, on voit vite la différence entre les quartiers où les associations sont présentes et ceux où elles sont absentes. Dans cette coproduction, leur action est importante.

Quand Chevènement disait que les élus locaux et les militants associatifs exercent une responsabilité éminente et qu'ils sont, à leur manière, des instituteurs de la République, dans la bouche de ce grand admirateur des hussards de la

République – et au-delà de la véracité du constat –, c'était un vrai compliment.

La mise en place de notre sécurité de proximité s'appuyait sur une volonté claire : faire de la sûreté un droit égal pour tous, réduire la petite délinquance, rétablir la paix civile là où elle est menacée, apporter à tous nos concitoyens la protection de la loi républicaine.

Constat limpide et sans ambiguïté. Loin des valses-hésitations de certains, l'insécurité n'est pas un fantasme et tout ce qui peut la faire reculer doit être pris en considération.

À l'évidence, l'action passée a atteint ses limites. La police n'a pas pour seule tâche la répression de la criminalité, elle doit intégrer de plus en plus les liens qui existent entre crise urbaine, violences et incivilités. Le travail policier doit évoluer en conséquence. Le lien entre la police et la population est essentiel et il faut beaucoup de discernement pour l'instaurer. C'est une qualité essentielle du policier de proximité.

Une des conditions de la réussite passe aussi par l'amélioration de l'efficacité de la coopération entre la police et la justice.

En 1996, 5,2 millions de plaintes ont été déposées et transmises au parquet. Sur ce total,

2 millions de procédures ont permis l'identification de l'auteur du délit par la police ou la gendarmerie. Hélas, sur ce nombre, la moitié n'a pas donné lieu à des poursuites. Si l'on ajoute les affaires où l'auteur du délit n'a pas été retrouvé, on arrive à ce chiffre impressionnant et qui doit tous nous interpeller : 79 % des affaires transmises au parquet n'ont pu avoir de suites judiciaires.

De même, le délai moyen de dix mois qui sépare l'acte délictueux de la condamnation diminue l'efficacité et la compréhension que le délinquant doit avoir de la sanction.

Quelle entreprise pourrait supporter que presque 80 % de sa production soit jetée à la poubelle ? Eh bien, c'est ce qui arrive à la police. On augmente les cadences, on produit plus et, en bout de chaîne, on jette 80 % de la production !

Ce sentiment lancinant et désespérant finit par atteindre le moral des troupes qui se posent des questions sur leur utilité. Il faut réformer la justice pour ne pas désespérer la police, il faut sortir de la routine et innover.

Ce colloque, fruit d'une réflexion en profondeur, sera la base de la mise en place de la sécurité de proximité. Il donnera un nouvel élan à cette tranquillité à laquelle aspirent nos concitoyens dans leur vie quotidienne, une sécurité à la française fondée sur l'idée républicaine de citoyenneté, de proximité et d'efficacité.

En posant le principe de la coproduction en matière de sécurité, le ministre de l'Intérieur insista aussi sur les efforts convergents entre les divers acteurs, prenant enfin en compte la notion de temps différents. Le temps long pour l'éducation, long également pour les projets de ville et l'urbanisme. Le temps court pour la police, la gendarmerie et aussi pour la justice qui a un gros effort à fournir dans ce sens.

Chacun reconnaît que contre la délinquance, il faut frapper fort et vite.

Les citoyens accordent de moins en moins de crédibilité à l'efficacité de la réponse publique. La gesticulation les a lassés et les effets d'annonce sans suite les ont désespérés.

Hélas, aujourd'hui encore, malgré les fondations solides de la sécurité de proximité et la réussite incontestable de sa police, certains continuent à exploiter le filon de la répression tous azimuts.

Brice Hortefeux, ministre approximatif de l'Intérieur, tente vainement de continuer à propager le mythe d'une police de proximité qui aurait transformé les policiers en travailleurs sociaux, poursuivant ainsi l'offensive de communication de Sarkozy en 2003. Ou bien ce ministre ignore ce qu'est réellement la police de proximité (ce qui est une faute professionnelle), ou bien il ment (ce qui est inacceptable).

Sur i-Télé le 11 avril 2010, il déclarait avec aplomb et sans peur du ridicule :

« On a dit non à la police de proximité telle qu'elle était. Les policiers étaient transformés en espèces de socio-éducateurs sportifs. »

Son problème aujourd'hui, c'est que plus personne ne le croit et que ce cliché grossier n'a aucun succès au-delà des frontières de l'UMP.

D'ailleurs, le sociologue Sébastien Roché, spécialiste de la question, lui avait répondu :

« Le propos du ministre est d'autant plus faux que la spécificité de la police de proximité française, par rapport à celles qui existaient ailleurs, tenait justement à ce qu'elle avait une dimension de police judiciaire de quartier. »

D'ailleurs, le besoin et l'évidence de la police de proximité sont tels que Michèle Alliot-Marie, lors de son passage Place Beauvau, a créé des Unités territoriales de quartier (Uteq), essayant de revenir vers la police de proximité sans en employer le mot, de peur de déplaire à son patron. Si l'expression est devenue à ce point taboue, c'est sans doute parce qu'elle symbolise aujourd'hui l'échec de Sarkozy en matière de sécurité.

Mon travail au cabinet de Chevènement a aussi été de convaincre les syndicats d'accompagner cette réforme fondamentale dans l'organisation et le fonctionnement de la police. Mon passé de syndicaliste, les trois ans passés comme secrétaire général du SCHFPN, les relations amicales et privilégiées que j'avais avec tous les syndicats m'ont permis d'obtenir rapidement leur adhésion. Je crois que j'ai pu éviter beaucoup de complications au ministre en traitant avec des gens que je connaissais bien et qui me faisaient confiance. Cela m'a pris beaucoup de temps et d'énergie, mettant ma patience (et mon foie !) à rude épreuve.

Les tractations se passaient souvent autour d'une table. Les plus dures étaient avec Jo Masanet, secrétaire général de l'Unsa (Union des syndicats autonomes). Cet homme de gauche était mon ami, mais surtout le patron du syndicat majoritaire des gardiens de la paix, et il était intransigeant quand il s'agissait de la défense des intérêts de ses mandants.

La mise en place de la police de proximité exigeait le rééquilibre de l'âge des policiers entre la province et les banlieues parisiennes. En effet, la moyenne d'âge des gardiens de la paix des banlieues se situait autour de 24 ans, âge correspondant à une première affectation après l'école. À Toulouse, par exemple, cette moyenne était de 42 ans. À l'évidence, il fallait corriger cette tendance (voire l'inverser) pour mettre les plus expérimentés dans les endroits les plus difficiles et non l'inverse. Cette aberration était due au système qui affectait presque systématiquement en région parisienne les policiers sortant de l'école. Comme ils étaient majoritairement d'origine provinciale, ils postulaient rapidement pour un poste dans leur région d'origine. On pouvait changer la donne en affectant des jeunes directement en province à la sortie de l'école.

Mais si le taux de syndicalisation est très fort dans la police (environ 80 %), c'est aussi à cause de ce besoin de mutation. (Il faut savoir que les deux mamelles du syndicalisme policier sont l'avancement et la mutation.) Les syndicats craignaient que l'affectation directe en province grève gravement le taux d'adhésion à leurs organisations. Si certains le reconnaissaient du bout des lèvres, d'autres l'avançaient sans détour et faisaient de ce problème un casus belli. Malgré les âpres négociations entreprises alors, le rééquilibrage n'est toujours pas significatif aujourd'hui.

Les discussions sur les adjoints de sécurité ont aussi été féroces. Les syndicats, à juste titre d'ailleurs, craignaient que ces jeunes soient employés comme des sous-policiers, empêchant peu à peu le recrutement de vrais fonctionnaires. Ils craignaient que ces emplois créent des « sous-flics, sous-payés, sous-qualifiés ». L'écueil n'a pas été totalement évité et l'on a assisté à de nombreuses dérives. Effectivement, ils devaient être cantonnés à des missions bien déterminées et ciblées (en théorie). Mais peu à peu, ils ont été employés comme de véritables policiers, phénomène qui s'était déjà produit avec les appelés.

L'avantage majeur, c'est-à-dire la possibilité pour ces jeunes d'être embauchés dans la police, s'étiolait peu à peu devant la réduction des effectifs et le peu de recrutement. Beaucoup d'entre eux, à l'issue de leurs cinq années de présence, ne pouvaient toujours pas entrer réellement dans la police nationale.

Dans le cadre de ces emplois jeunes, le Che voulait en recruter spécifiquement pour la police. Personnellement, je souhaitais mettre en place une unité nouvelle qui aurait pu constituer le « chaînon manquant » entre la police et la population, surtout chez les jeunes. Je pensais qu'il aurait été utile de recruter, pour chaque ville, des jeunes issus de quartiers différents et de la diversité. Je penchais aussi pour un uniforme distinct de celui des policiers, porté par des gens non armés. Un peu par provocation, je suggérais de les appeler Flic (Force locale d'intervention citoyenne). Pour de multiples raisons, en particulier pour que le ministre de l'Intérieur puisse garder la main sur ses troupes, l'option choisie a été celle des adjoints de sécurité, avec un uniforme semblable à celui des appelés. Seule la couleur de la bande sur la casquette passait du vert au bleu. J'étais un peu déçu, Guéant était réjoui.

Néanmoins, l'idée était bonne. On comptait beaucoup sur ces jeunes pour aider à recréer le lien entre la police et la population, et dans l'ensemble, cet apport a été positif.

Quelques erreurs ont été commises – l'affectation de jeunes dans leurs propres quartiers, par exemple, a posé des problèmes : ils étaient souvent qualifiés de « traîtres ». Mais peu à peu, les ajustements nécessaires ont été faits, permettant un meilleur emploi des adjoints de sécurité.

Un des intérêts que nous n'avions pas mesuré était l'effet bénéfique de leur présence à l'intérieur même de la police. Les policiers ont pu faire connaissance avec ces jeunes issus de tous les milieux, de tous les quartiers et de toutes les origines, les juger différemment, abandonner les a priori et les images toutes faites, et enfin les apprécier. Je crois que l'apport de leur présence au sein des services de police n'a pas été assez souligné, car il a été un plus indéniable pour la mise en place de la police de proximité.

Il est difficile de résumer le travail qui s'effectuait au cabinet. Il y avait les grands dossiers de fond comme celui de la police de proximité, les contrats locaux de sécurité (CLS), les discours pour le ministre, et le quotidien de la police qui me donnait l'occasion de travailler avec les préfets mais aussi de rester en contact avec mes collègues.

Il y a eu aussi quelques affaires remarquables qui ont demandé un traitement rapide et dont il fallut mesurer immédiatement l'ampleur et l'impact politique.

Lorsqu'on me prévient de l'accident de Lady Diana sous le pont de l'Alma, je comprends tout de suite qu'il faut faire vite. Privilégiant le circuit court, je préviens tout d'abord le Che, puis le directeur de cabinet. Le ministre, accompagné du préfet de police de Paris, Philippe Massoni, se rend immédiatement sur les lieux. Le corps de la princesse est encore sur place. Tout le monde a compris que cet événement va avoir une ampleur médiatique sans précédent. Toute hésitation du ministre de l'Intérieur aurait pu donner lieu à des interprétations.

De même, je suis de permanence quand on m'annonce la mort du préfet Érignac en Corse. L'assassinat d'un préfet de la République est un événement dramatique et exceptionnel. Pour Chevènement, républicain dans l'âme, c'était un acte d'une gravité sans précédent.

Je préviens le ministre qui part illico pour la Corse, accompagné entre autres du commissaire Marion, chef de la Direction nationale antiterroriste (DNAT). Pour diverses raisons, Marion n'était plus en cour et on évoquait souvent son départ. Au cours du voyage, il a réussi à capter la confiance du ministre et s'est refait une image sur le dos de Dimitrius Dragacci, directeur du Service régional de la police judiciaire (SRPJ) de Corse, bon flic mais mauvais orateur.

Je me souviens aussi d'un week-end passé à gérer la grève des routiers. Les préfets de toute la France m'appelaient pour être éclairés sur les décisions à prendre et se couvrir. Je devais être prudent et efficace, car l'avis que je leur donnais était pour eux la parole du ministre de l'Intérieur. Ce jour-là, mon expérience professionnelle m'a beaucoup servi et finalement nous avons pu limiter les inconvénients de cette grève en coordonnant les départs de camions, en organisant les flux et en laissant certaines frontières dégagées. Le lundi matin, le directeur de cabinet s'est félicité que je sois de permanence, car, pensait-il, j'étais l'homme le mieux adapté à la situation.

Mon travail au cabinet consistait aussi, de temps à autre, à endosser la fonction de « commissaire du gouvernement » et à accompagner le ministre à l'Assemblée nationale. C'était une impression forte que d'être assis dans l'Hémicycle, sur les bancs du gouvernement, à côté du ministre. Il y avait aussi une certaine tension, car notre rôle était de donner dans l'instant des éléments au ministre afin qu'il puisse répondre aux questions des députés. En ce qui me concerne, avec le Che, ça n'a pas été trop difficile. Il possédait parfaitement ses dossiers et il se débrouillait très bien tout seul.

Avec Anne Cublier, responsable de la communication au cabinet, nous avons passé quelques heures à essayer de calmer le tapage médiatique à la suite du fameux « sauvageon [2] », prononcé par le ministre devant l'Assemblée nationale en 1998. Nous avons essayé d'expliquer aux journalistes que le Che avait utilisé le mot « sauvageon » dans le sens de « jeune arbre qui a poussé sans avoir été cultivé » et non pas d'« enfant farouche, sauvage ». Notre explication a fait sourire les journalistes mais ne les a pas convaincus. C'est la seconde définition, la plus commune, qui est restée dans les mémoires. Quoi qu'il en soit, ce

2. Alors qu'il évoquait le meurtre d'une épicière par un jeune de 14 ans avec un 357 Magnum, Jean-Pierre Chevènement utilisa le mot « sauvageon » pour qualifier les délinquants mineurs récidivistes.

« sauvageon » reste de loin moins péjoratif et agressif que « racaille ».

Au cabinet (comme dans toute la France), la « mort » du Che a été un choc.

Victime le 2 septembre 1998 d'un grave accident d'anesthésie dû à une allergie à un produit curarisant, il est plongé dans le coma pendant huit jours et ne sortira de l'hôpital que le 22 octobre, éloigné de son ministère pendant quatre mois. Il se surnomme lui-même, avec un humour républicain bien à lui, le « miraculé de la République ».

Il était parti confiant pour une intervention somme toute bénigne. Il m'avait d'ailleurs fixé un rendez-vous trois jours après l'opération. La nouvelle de son accident nous a d'abord plongés dans l'angoisse – on ne pensait qu'à sa survie. Ensuite nous espérions tous son retour pour continuer le travail en cours. Son épouse, Nisa, a traversé cette période dramatique avec une grande classe, protégeant son mari de l'extérieur et même de l'intérieur. Je crois que sa gestion de la crise a permis de garder une certaine sérénité et une grande dignité autour de ce drame.

La relève a été assurée par Jean-Jack Queyranne, qui s'est très bien comporté en se situant délibérément comme un intérimaire. Il a d'ailleurs marqué cette volonté en ne s'installant pas dans le bureau du ministre. Il nous a déclaré que nous devions continuer notre action sans rien changer, que nous représentions le Che, que notre devoir et le sien était de poursuivre le travail entrepris.

Pendant l'absence du Che, il y a eu l'affaire Bonnet – celle des paillotes brûlées en Corse. C'est à ce moment-là que l'absence du chef s'est fait sentir et cette affaire a été traitée au niveau du cabinet du Premier ministre, à qui Bonnet rendait compte directement. En ce qui me concerne, j'ai suivi cette affaire regrettable de très loin.

Lors de sa « résurrection » (républicaine bien sûr), le Che a invité le cabinet à déjeuner un dimanche, chez lui à Beauvau. Il avait l'air un peu fatigué, mais souriant malgré tout et toujours malicieux. Après nous avoir expliqué qu'en tant que ministre des cultes, par curiosité et sens du devoir, il était monté au ciel pour voir et qu'il était revenu parmi nous pour continuer l'action entreprise, il a saisi toutes les occasions au cours de l'apéritif et du repas pour évoquer les dossiers de chacun, démontrant que sa mémoire et ses facultés intellectuelles étaient intactes. À l'évidence c'était vrai et nous sommes repartis rassurés, heureux de continuer l'aventure avec lui. J'ai d'ailleurs fait remarquer au Che que confier la santé du ministre de l'Intérieur à des militaires était risqué – pour moi, la médecine militaire est à la médecine ce que la musique militaire est à la musique. Ça l'a fait rire (ce qui ne l'empêchait pas d'être infiniment reconnaissant envers ceux qui l'avaient sauvé).

La vie au cabinet a continué, épuisante mais passionnante. Après presque deux ans passés à mettre les dossiers importants sur les rails, le terrain commençait à me manquer. Normalement, après ce passage au ministère de l'Intérieur, le terrain, c'était fini pour moi. J'étais plutôt destiné à des fonctions de directeur central ou de préfet, en tout cas loin de l'action policière. Mais je n'arrivais pas à m'y faire, je voulais encore exercer mon métier de flic.

J'avais pris ma décision.

Le Che ne voulait pas me laisser partir et considérait, à juste titre, que redevenir directeur départemental de la Sécurité publique après avoir été conseiller au cabinet était une régression dans ma carrière. Il m'a interrogé plusieurs fois sur mes intentions, et ma démarche uniquement justifiée par « l'envie du terrain » ne lui semblait pas logique. Mais devant mon insistance, il a accédé à ma demande.

4

C'était en janvier 1999. Depuis décembre, Toulouse était le théâtre d'« émeutes » urbaines qui lui faisaient vivre une crise aiguë. Lorsque j'ai appris la mutation de l'ancien DDSP Alain Dreuilhe, qui exerçait à Toulouse depuis neuf ans, j'ai fait part de mon intention de postuler à ce poste.

Si installer la police de proximité à Toulouse dans des conditions aussi défavorables me semblait un défi à relever – à titre personnel –, c'était surtout une occasion de démontrer l'efficacité de cette forme de police, en cas de réussite évidemment.

Gentiment, le ministre s'était fendu d'un communiqué à l'AFP qui précisait :

« En même temps qu'une grande marque de confiance à l'égard de Monsieur Havrin qui jouait un rôle important dans son cabinet, cette nomination montre l'importance que Jean-Pierre Chevènement attache à la lutte contre l'insécurité, notamment les violences urbaines et la délinquance des mineurs. »

Le 1er février 1999, je prenais mes fonctions de DDSP de la Haute-Garonne, heureux de revenir à ce métier qui me colle à la peau.

Ravi de retourner sur ce terrain qui m'a beaucoup manqué, je me retrouve dans cette phase d'observation inévitable où chacun doit apprivoiser l'autre. Me voilà à nouveau dans l'ambiance d'un commissariat. Dans ce grand service de 1 500 fonctionnaires, il va falloir faire connaissance avec tout le monde : avec mes collègues commissaires (ils sont neuf), les officiers, les gardiens, le secrétariat et enfin tous ceux qui participent à la vie du service et à la réussite des projets.

Je sais que les gars ont téléphoné dans les divers services où je suis passé pour m'évaluer et savoir à qui ils ont affaire. C'est la règle du jeu, on n'arrive pas tout neuf, vierge du passé. Je ne suis pas trop inquiet car tout au long de ma carrière j'ai eu la chance de côtoyer des types formidables avec qui j'avais de bonnes relations. Bien sûr je n'ai pas que des qualités, mais mes gars, je les aime et je les respecte. Mon style de commandement, c'est la confiance, qui me permet d'écouter et de déléguer à des gens qui sont sur le terrain au quotidien et qui ont une expérience que le « patron » n'a pas. J'ai compris très tôt qu'il fallait s'appuyer sur ceux qui agissent et qui savent en tirer le maximum d'enseignements. Certains de mes collègues commissaires se plaignaient souvent de la « troupe » en la dénigrant. Mon credo était le suivant :

« Si tu dis que tu ne commandes que des cons, tu es le chef des cons, alors qu'il vaut mieux être le chef des bons. »

Quand on donne, on reçoit, et souvent au centuple. La confiance engendre la confiance. Il faut oser se mettre « à poil dans le champ de tir », ne pas craindre de se dévoiler et s'avancer vers les autres en évitant de penser que seule la hiérarchie est intelligente et peut apporter sa pierre à l'édifice.

Je crois que je posais un problème inédit au préfet, car mon affectation avait engendré une sorte de retournement hiérarchique. Il redevenait mon patron tout en connaissant parfaitement mes liens privilégiés avec le ministère de l'Intérieur. Je le reconnais, c'était pour lui une situation originale et difficile à gérer.

Toutefois, j'ai fait l'effort de me remettre dans la peau d'un DDSP normal, et le préfet étant un homme intelligent, tout s'est bien passé.

Le maire de Toulouse, Dominique Baudis, m'a accueilli avec beaucoup de chaleur. D'ailleurs, tant qu'il sera en place, tout ira bien avec la mairie. Il était un chaud partisan de la police de proximité et, par conséquent, toute son équipe aussi. Nous avons travaillé ensemble et son appui a été précieux pour la mise en place de cette nouvelle police.

L'arrivée de Philippe Douste-Blazy en mars 2001, très peu intéressé par ce problème (et par beaucoup d'autres d'ailleurs), a créé une vraie rupture dans mes relations avec la mairie. Douste était aimable et courtois, mais peu impliqué dans les problèmes quotidiens.

Avec ce nouveau maire, certains élus, bien marqués à droite, ont pu diaboliser « l'homme de gauche » que j'étais et répandre l'idée qu'il vaudrait mieux me remplacer par un « vrai » flic de droite.

Mon seul regret était que mon prédécesseur, Alain Dreuilhe, ait été un peu meurtri par son départ. J'étais soulagé qu'il sache que je n'y étais pour rien et que son remplacement était inéluctable. J'ai organisé une passation de pouvoirs, ce qui en général ne se fait pas. Nous avons visité ensemble les services et fait une déclaration commune à la presse.

Peu après mon arrivée, Lionel Jospin, de passage à Toulouse, avait demandé à me rencontrer pour que je lui parle de la police de proximité. L'entrevue d'une heure dans un petit salon de la préfecture s'est déroulée en tête à tête, le préfet, qui avait fait mine de s'asseoir avec nous, ayant été gentiment éconduit par Jospin qui voulait me parler en privé. Je lui ai donc expliqué ce qu'était la police de proximité, lui parlant de façon directe, imagée, avec des mots de flic, pas d'énarque. En gros, avec mes tripes !

Au bout d'une heure un quart, il s'est excusé de mettre fin à notre entretien, son emploi du temps (de Premier ministre) l'obligeant à partir. Ce jour-là j'ai réellement eu l'impression d'avoir fait œuvre utile.

Peut-être aurais-je pu également convaincre Sarkozy si je l'avais rencontré plus tôt et dans les mêmes conditions. Hélas, je crois qu'il n'a jamais eu l'intention d'être convaincu et que la mort de la police de proximité était inévitable, tout simplement parce qu'elle avait – idée insupportable – été mise en place par la gauche.

Je suis arrivé seul à Toulouse, sans ma famille. Je suis resté « célibataire géographique » (selon l'expression consacrée) pendant quatre mois, ce qui m'a permis de me dévouer pleinement, jour et nuit, à la tâche qui nous incombait. Il est vrai qu'au bout de ces quatre mois, je connaissais mieux le Mirail, ses barres d'immeubles et ses toits que le centre-ville.

Au Mirail, la situation était explosive. Les violences urbaines faisaient rage après la mort d'Habib, ce jeune de 17 ans tué d'une balle tirée par un policier. L'auteur du coup de feu mortel, le brigadier qui dirigeait la patrouille, avait été mis en examen pour homicide involontaire. Les conditions de la mort d'Habib soulevaient beaucoup de problèmes et d'incompréhension. L'autopsie révéla qu'une seule balle l'avait touché, tirée à bout portant. Le projectile était entré entre le cou et l'épaule, passé à travers et ressorti au-dessus du sein droit, provoquant une double hémorragie. La victime, retrouvée morte trois heures après le tir et à demi dissimulée sous une voiture, avait pu, d'après le procureur,

« courir sur 100 à 120 mètres avant sans doute de s'effondrer ».

Le fait que les policiers n'en aient pas rendu compte immédiatement à leur hiérarchie a nourri la suspicion. Mais le brigadier incriminé a toujours affirmé qu'il n'avait pas eu conscience d'avoir tiré alors que, tenant son arme d'une main, il essayait de sortir Habib de la voiture de l'autre.

Lorsque je suis arrivé, j'ai demandé à rencontrer ce fonctionnaire. L'homme était effondré face à sa responsabilité dans la mort de ce jeune et je crois honnêtement que sa vie s'est brisée cette nuit-là.

Dans les jours qui ont suivi, de véritables émeutes ont enflammé le Mirail : huit policiers blessés, soixante-dix véhicules, un commissariat de quartier, une antenne de la caisse d'allocations familiales, les locaux de l'Opac et une station de métro ont été incendiés ou saccagés.

Puis régulièrement, sans véritable répit, les violences reprenaient, en particulier le soir.

En me présentant aux diverses autorités – ces visites de courtoisie font partie des obligations d'un nouveau directeur –, j'ai vite compris qu'à Toulouse on s'occupait assez peu des quartiers difficiles, ou plutôt qu'on le faisait façon « dame patronnesse », distribuant par-ci par-là quelques faveurs, sans jamais traiter les problèmes de fond. Toulouse préférait se voir uniquement comme la Ville rose.

Le constat était rude. L'État avait déserté le quartier. Les pompiers, le Samu, les services officiels ne se déplaçaient plus. La police évitait aussi le secteur au maximum. Une nuit calme était une nuit où il n'y avait que trois ou quatre véhicules incendiés. Les habitants avaient le sentiment de ne pas exister et d'être des sous-citoyens. Les diverses autorités se renvoyaient la balle et les résidents du Mirail restaient seuls, avec un sentiment d'abandon très fort.

Ma toute première démarche fut de rencontrer les habitants du quartier par le biais de différentes associations. C'était chaud ! Le moins que l'on puisse dire, c'est que je n'étais pas venu pour rien. Ils criaient à l'injustice, à l'abandon, qu'ils n'avaient même pas le droit aux services minimum. Les pompiers, les médecins, le Samu… plus aucun dépanneur ou artisan ne voulait se déplacer dans ce quartier. Ils étaient coupés du monde et refusaient cette situation de citoyen de seconde zone. Pour eux, il ne s'agissait pas de confort, mais bien de survie.

J'ai promis (gros défi !) que dans quelques mois ils auraient au Mirail les mêmes services que les habitants de la place du Capitole. Un peu incrédules, ils ont pris note de cette promesse.

Très rapidement, je suis allé voir le colonel des pompiers, patron du Service départemental d'incendie et de secours (SDIS), et nous sommes convenus d'un mode d'intervention sous protection policière. Je voulais que les véhicules en feu soient éteints sur-le-champ ! À cette époque, on les laissait brûler et on ramassait les carcasses le lendemain matin, quand les « jeunes » dormaient encore. Ces voitures brûlant une partie de la nuit donnaient au quartier des allures de Beyrouth sous les bombes, et ce spectacle lamentable alimentait fortement le sentiment d'insécurité et d'abandon de la population.

J'ai fait la même démarche auprès du professeur Virenque, patron du Samu, qui a également accepté de revenir dans le quartier avec une protection de notre part.

Il fallait absolument que les citoyens aient de nouveau confiance dans les services publics, qu'ils sachent qu'ils n'étaient pas laissés pour compte et qu'ils étaient aussi importants que les habitants du centre-ville. Il fallait donc reprendre le quartier en main, le pacifier, avant de pouvoir mettre en place la police de proximité.

Pendant les premiers mois, presque toutes les nuits, je me rendais dans le quartier de la Reynerie avec les gars de la Section d'intervention. Je m'étais bien habitué à mon casque et à ma tenue de maintien de l'ordre. Le soir, nous nous positionnions à Babinet, un endroit proche des grandes barres du quartier de la Reynerie.

L'avantage de nous poster là, à l'entrée de la rue de Kiev, c'est que nous avions une vue sur l'ensemble du quartier. L'inconvénient, c'est que les guetteurs, du haut des toits, nous voyaient arriver de loin et signalaient tous nos mouvements par téléphone portable ou par des sifflets qui se propageaient d'un bâtiment à l'autre. Dès que nous bougions, nous avions l'impression d'être dans une cocotte-minute, les sifflets enflant et courant de toit en toit.

Avec le commandant Vaquer, le patron de la section, nous avons décidé de changer de tactique, d'être plus discrets au départ de l'action et plus offensifs. Nous avons changé d'emplacement et mis en place une stratégie avec différentes manœuvres en tenaille, attirant l'attention d'un côté et envoyant les troupes de la SI (Section d'intervention) ou de la BAC par d'autres itinéraires.

Depuis trop longtemps, les flics stationnant au pied des immeubles étaient harcelés par des piétons qui leur jetaient des projectiles divers ou par des groupes installés sur les toits qui les bombardaient avec les munitions qu'ils avaient préparées.

Les policiers, traumatisés par les événements et sans consignes claires, se contentaient de répondre aux attaques par des tirs de grenades lacrymogènes peu efficaces. En plus, quelques tirs vers les toits, mal ajustés, atterrissaient dans les appartements des riverains, ce qui ne faisait qu'ajouter à leur désespoir.

Partant du principe simple que les meilleurs endroits étaient ceux où se trouvaient nos assaillants, nous avons décidé de prendre position sur les toits et de les déloger. La difficulté, bien sûr, c'est que nous ne pouvions pas prendre l'ascenseur (ç'aurait été suicidaire) et que nous devions monter les dix étages par l'escalier avec notre équipement de maintien de l'ordre, casque sur la tête.

Au bout de quelques mois, je crois que nous avions tous des mollets de sportifs de haut niveau et ceux qui fumaient, dont moi, regrettaient amèrement les clopes grillées dans la journée.

Cette nouvelle tactique a déstabilisé les caillasseurs et nous a permis de faire de grosses économies de grenades et de calmer réellement le jeu. Avec des nuits plus calmes, les pompiers qui éteignaient les feux de voitures, le Samu qui pouvait revenir, nous avons enfin pu penser à l'organisation d'une nouvelle forme de police pour le quartier.

En 1999, tout le monde avait constaté le fiasco de la police répressive et de la police d'ordre, uniquement réactive. Peu à peu, en effet, le côté préventif, qui oblige la police à anticiper l'action et à empêcher l'acte délictueux par sa présence, s'était étiolé. Il nous paraissait évident qu'une police calée uniquement sur les statistiques, les opérations médiatiques et la méthode coup de poing était vouée à l'échec.

La police, dans son plein exercice, doit agir pour éviter la commission d'infractions et pour protéger la population. Elle doit non seulement mettre en place des moyens de prévention adaptés et des systèmes permettant de pronostiquer les causes de la délinquance, mais elle doit aussi intervenir avec promptitude pour sanctionner les délits et les infractions.

Le déséquilibre vient souvent du fait que le côté préventif est le premier à être sacrifié. Tous les chefs de service le savent. Lorsqu'on a des problèmes d'effectifs, c'est dans le préventif qu'on va puiser pour essayer d'assurer l'impondérable, la réponse à l'événement, police secours, les manifestations, etc.

La police au service du citoyen est une police de fond, une police de longue haleine fondée sur la résolution de problèmes, véritablement efficace à long terme. Évidemment, une police qui n'a pas pour seul but de répondre politiquement au problème est plus difficile à vendre. Elle ne joue pas uniquement sur l'émotion, sur la réponse médiatique superficielle. Elle a pour mission de s'attaquer à la racine du problème, de changer et d'améliorer le vécu de nos concitoyens.

Par exemple, il arrive souvent que la population se plaigne, constate que certains lieux sont visiblement dédiés au trafic de drogue. Les gens voient les dealers se livrer à leur coupable commerce en toute impunité – en apparence.

Tout le monde réagit en dénonçant le laxisme de la police, qui ne fait rien et qui est la seule à ne pas voir cet état de fait. Cela entraîne une incompréhension des habitants et renforce ce sentiment répandu que la police est inutile.

Cela s'est souvent produit à Toulouse, sur la place Wilson, une place du centre-ville très fréquentée. La police, qui connaît la situation, a deux solutions, qui d'ailleurs ne sont pas exclusives. La première consiste à faire des opérations coup de poing, c'est-à-dire encercler la place avec un effectif important et visible, placer les délinquants en garde à vue, faire la procédure et, une ou deux heures plus tard, les remettre dehors. Il faut savoir que les dealers sont prudents et qu'ils ne sont porteurs que de quelques grammes de shit, prétendant que c'est pour leur usage personnel. Ils sont alors poursuivis pour consommation de stupéfiants, ce qui ne permet pas de les sortir du circuit. Le retour des dealers sur les lieux dans les heures qui suivent l'arrestation est très mal vécu par la population, qui a l'impression d'être narguée par les voyous. La multiplication de cette forme de répression démagogique décrédibilise la police et la justice en désespérant les citoyens.

La seconde solution consiste à organiser des planques dans divers endroits avec vue sur les lieux, à prendre des photos, à faire des constatations pendant plusieurs mois pour prouver le trafic. Les dealers sont organisés et, comme on l'a dit, portent peu de drogue sur eux pour éviter les poursuites pour trafic. Bien sûr, ils ont des planques proches de leurs lieux de commerce que nous devons trouver en suivant leurs va-et-vient pour s'approvisionner. Durant tout ce temps, l'opinion publique grogne contre l'inefficacité policière et cette carence inadmissible. Au bout de quelques semaines (au moins), on décide d'une opération d'envergure. Les dealers sont arrêtés et poursuivis pour trafic, ce qui en général les conduit en prison et permet un retour au calme.

Pour un policier, il est tentant d'employer la méthode coup de poing devant le mécontentement de la population et des autorités, juste pour faire baisser la pression. En pratique, l'idéal est de combiner les deux, en sachant toutefois que lorsqu'une planque est en place, on ne peut pas intervenir, de peur de saboter le travail en cours.

L'exemple des Brigades anticriminalité est significatif. Les BAC sont les héritières des BSN (Brigades de surveillance nocturne) et ont pour but essentiel de travailler sur la délinquance de fond. C'est un travail de patience, de connaissance du terrain et du milieu délinquant. Leurs méthodes de travail s'organisent autour de la planque, idéale pour constater les flagrants délits et surveiller roulottiers, cambrioleurs, groupes à risques susceptibles de se livrer à des violences, etc. Par essence, ce genre de travail ne peut pas être soumis à des statistiques immédiates. Il doit être observé et jugé sur le long terme avant que soit constatée une réelle baisse de la délinquance.

La mise en place de la police de proximité à Toulouse n'était pas chose simple. En effet, au-delà de l'aspect technique, il fallait convaincre les fonctionnaires de police du bien-fondé de cette révolution culturelle. Heureusement, la plupart des syndicats avaient compris l'intérêt de cette nouvelle police, autant pour la population que pour les policiers.

Je connaissais d'ailleurs quelques figures locales, dont Hubert Llortet – moustaches en guidon de vélo, vieux routier du syndicalisme des gardiens de la paix au temps glorieux de la Fédération autonome des syndicats de police

(FASP) –, que j'avais connu dans ma vie antérieure de syndicaliste, et Jean-Jacques Brossard du SNOP (Syndicat des officiers), redoutable et ardent défenseur de ses mandants, mais humain et intelligent.

On s'est bien « frités » tout au long de la mise en place des réformes. Chacun défendait son bifteck, mais nous étions d'accord sur le fond.

J'avais parmi mes adjoints un jeune commissaire, Gilles Andreau, un garçon assez rond, costaud, joueur de rugby (plutôt un gabarit de talonneur), qui est rapidement devenu le symbole de la police de proximité dans les quartiers et auprès des différentes autorités.

Ses gars l'aimaient bien et lui faisaient confiance. Sa proximité avec les agents, son côté humain et bienveillant en faisaient un « chef de bande » – ce que certains pouvaient lui reprocher – capable d'entraîner la troupe et de créer un esprit d'équipe indispensable à la réussite du défi qui s'offrait à nous.

J'avais une lourde responsabilité dans la mise en place et la réussite de la police de proximité. Peu enclin à la réunionite, je voulais déboucher rapidement sur l'action. Toulouse étant devenue la vitrine de cette police, nous n'avions pas droit à l'erreur.

Nous étions sous l'œil attentif des autorités en général, et du Che en particulier, et nous avions créé une véritable attente dans la population, qu'il ne fallait pas décevoir. Si les quartiers étaient un véritable défi, il fallait aussi mettre en place cette nouvelle structure sur toute la ville, et en particulier dans le centre-ville, très sensible à tous les problèmes de sécurité.

J'avais nommé Jean-Louis Llorca (ancien syndicaliste de choc) patron du commissariat-centre, qui était au cœur de la réussite de l'opération. Ses convictions et son action auprès des commerçants ont inscrit cette nouvelle façon de faire dans la réalité.

Ce qui m'a toujours frappé dans le commandement, en particulier dans la police, c'est que si l'on est attentif, la ressource humaine existe. Il faut connaître les gens et organiser les complémentarités. En gros, il y a deux tendances fortes : les hommes de terrain qui se réalisent dans l'action, et les hommes de pensée qui trouvent leur place dans l'organisation et la réalisation des organigrammes (souvent complexes et toujours indispensables) et de la logistique. À Toulouse, les rôles se sont distribués naturellement, chacun trouvant sa place dans la réalisation du projet, à la façon des différents corps de métiers nécessaires à la construction d'un édifice. Moi, j'étais le maître d'œuvre. Je devais être attentif à la cohérence et à la solidité de l'ouvrage.

Il a fallu veiller à éviter les dérives, internes ou externes, ainsi que les dérapages. L'administration de la police et les « penseurs maison » avaient tendance à enfermer le projet dans un cadre rigide, non évolutif, qui pourrait s'appliquer partout. Cette tendance à vouloir calquer un même modèle, établi une fois pour toutes et applicable à toutes les circonscriptions de police était un vrai danger. Par définition – par essence –, la police de proximité devait être évolutive et adaptée au terrain. Vouloir traiter l'organisation de la police de Cahors comme celle de Toulouse, par exemple, reviendrait à faire un copier-coller de structures artificielles ne correspondant pas à la réalité du terrain.

Les journées étaient longues, les nuits courtes, mais peu à peu le projet voyait le jour. Après une gestation prometteuse mais difficile, l'enfant est né. Des commissariats restaient ouverts 24 heures sur 24 – un au Mirail, un au centre-ville –, des postes de police et des fonctionnaires furent affectés à un secteur particulier, devenant responsables de leur quartier devant la population.

Une fois les structures en place, il fallait faire passer le courant et la philosophie de ce projet de police au service du citoyen. Patrouilles à pied, prises de contact avec la population, les commerçants… (Sarkozy dira plus tard : « On n'est pas là pour serrer la main de la boulangère. »)

Cette prise en compte du territoire et de la population démontrera son efficacité, en particulier parce qu'elle permet une répression ciblée et efficace.

Il est vrai que la police de proximité est gourmande en effectifs. Mais lorsqu'on affiche la sécurité comme priorité numéro un, il faut savoir y mettre les moyens.

En matière de sécurité, l'écart entre la volonté affichée et les moyens réellement engagés est une constante, mais sous l'ère Sarkozy, il prendra une ampleur alors inédite, allant jusqu'à substituer l'annonce à la mise en place de moyens. L'annonce médiatique est devenue en elle-même un moyen de combattre l'insécurité !

En matière de sécurité, il faut être modeste et ne pas prendre les Français pour des « canards sauvages ». On peut tromper beaucoup de monde longtemps, mais pas tromper tout le monde tout le temps. Les tireurs le savent, qui, après une séance de tir, peuvent rester un moment sur l'illusion de bons résultats. Il est une phrase du moniteur qui remet alors les pendules à l'heure : « Armes à l'étui… au résultat ! » À ce moment précis, devant sa cible, loin de l'illusion ou du discours, chacun est confronté à la réalité de ses performances. Les tireurs fous qui dégainent sans discernement en enfumant les autres avec leur cadence de tir façon cow-boy hollywoodien, ceux-là perdent vite de leur superbe une fois le nez devant leur cible. Être le « premier flic de France », ce n'est certainement pas être ce tireur compulsif aveuglé par sa propre fumée et l'odeur de la cordite.

La mise en place de cette nouvelle police toulousaine s'est faite patiemment, en concertation avec la population, les différentes autorités, et grâce à une participation très forte des policiers. Les proximiers (comme ils s'étaient baptisés eux-mêmes), par leurs idées et leur vécu sur le terrain, ont fait considérablement évoluer cette mise en place.

Pour les proximiers, nous avons fait appel au volontariat, ce qui permettait une plus grande implication de chacun.

Au-delà des services de proximité, nous avons bien sûr conservé un service général et des services spécialisés, comme la SI ou la BAC, qui remplissaient des missions spécifiques et plus généralement venaient en appui des proximiers. L'existence de ces services était une condition indispensable à l'existence et à la sécurité des fonctionnaires dans les quartiers. J'avais promis, lors des premières patrouilles à pied au Mirail, une intervention de la SI ou de la BAC dans les cinq minutes suivant une demande de renfort. La solidarité entre les gars a été au rendez-vous et peu à peu les appels se sont espacés.

Après la phase expérimentale, puis le rodage, la police de proximité prenait sa vitesse de croisière.

Ce qui était remarquable, c'était que désormais les revendications des gars et des syndicats concernaient en priorité l'amélioration de leur outil de travail et plus seulement l'obtention d'avantages personnels. Ils voulaient des effectifs, des locaux mieux adaptés, des véhicules… tout ce qui leur permettrait d'être plus efficaces et plus crédibles aux yeux de la population.

La Direction départementale de la sécurité publique de la Haute-Garonne est composée de trois circonscriptions : Toulouse, Colomiers et Saint-Gaudens. L'effectif est d'environ 1 500 fonctionnaires, le gros des troupes se trouvant bien sûr à Toulouse.

Le corps des commissaires est représenté par deux directeurs départementaux (un contrôleur général et un adjoint commissaire divisionnaire fonctionnel) et neuf commissaires répartis entre divisionnaire, principal et commissaire.

Chacun a une fonction, un rôle défini et a sous sa responsabilité un service particulier recouvrant le maintien de l'ordre, le service général, la sûreté (les enquêtes judiciaires) et le Service de gestion opérationnel, plus particulièrement chargé de l'intendance.

Le reste du personnel est composé d'officiers adjoints des commissaires dans les différents services (commandants, capitaines, lieutenants), qui depuis quelques années ont remplacé les inspecteurs et les officiers de paix dans un seul corps.

Le gros de la troupe est composé de gardiens de la paix, gardiens, sous-brigadiers, brigadiers, brigadiers-chefs et majors. Le corps des enquêteurs a été intégré dans celui des gardiens de la paix. À cela, il faut ajouter les adjoints de sécurité, qui ont un contrat de cinq ans, et bien sûr les administratifs.

À Toulouse, la DDSP a son siège à l'hôtel de police, boulevard de l'Embouchure, un commissariat récent mais déjà trop petit. Mon bureau était spacieux et pratique car accolé à une salle de réunion de taille respectable, ce qui permettait de travailler dans de bonnes conditions. Dans le bureau contigu au mien se trouvait mon chef d'état-major, un commandant avec qui j'avais une grande complicité et qui connaissait la police et Toulouse sur le bout des doigts. Il faisait le tri entre les choses importantes que je devais savoir ou traiter moi-même, et le reste des affaires qui était réparti entre les différents services. Sa position pouvait s'avérer délicate vis-à-vis des commissaires à cause de sa proximité avec moi, ce dont ils auraient pu prendre ombrage. Mais il a su transformer cet inconvénient en avantage en s'en faisant des alliés, créant entre eux et moi un « sas de décompression » très utile. Ce dispositif était complété par trois secrétaires qui tenaient fermement le secrétariat.

Il est difficile de décrire une journée typique du DDSP à Toulouse. Il y avait malgré tout des repères et des constantes qui rythmaient l'emploi du temps.

Le matin, en général, j'arrivais à 8 heures. Je consultais la revue de presse et la main courante de la veille et de la nuit.

La revue de presse est importante. En effet, tout au long de la journée, des gens allaient m'appeler en faisant référence aux événements relatés dans les journaux. Ne pas en être informé est une faute professionnelle. L'opinion toulousaine, les émotions, les réactions des habitants sont déterminées en grande partie par le contenu de *La Dépêche du Midi.* Un article de *La Dépêche*, et la façon dont il est traité peut changer la nature d'un événement ou en tout cas son importance. Combien de fois ai-je entendu : « C'est vrai, c'était dans *La Dépêche* ce matin » ! J'ai connu ce même phénomène avec *La Voix du Nord* et *Le Dauphiné libéré.* Il est indéniable que la presse quotidienne régionale forge en grande partie l'opinion publique locale.

Je trouve d'ailleurs que le gouvernement ne fait pas assez appel à la PQR, une forme de parisianisme le poussant à privilégier l'opinion de la presse nationale. Chevènement l'avait bien compris et s'est servi judicieusement des organes de presse régionaux pour la communication du ministère de l'Intérieur.

Je passais ensuite à la lecture de la main courante qui reflète l'action et les interventions des différents services. On l'appelle aussi le « film ». On y retrouve la vie du commissariat, les interventions, les mesures prises, la vie de la ville.

Avant la réunion de 10 heures avec tous les commissaires, je me penchais souvent sur les énormes chemises de demandes d'indulgence pour des PV suite à des infractions au code de la route. En effet, les commissaires ont aussi ce rôle de ministère public auprès du tribunal de police, jusqu'aux contraventions de quatrième classe. C'est une particularité remarquable de ce corps que d'être à la fois magistrat de l'ordre administratif et judiciaire.

Donc, en tant qu'officier du ministère public, je recevais beaucoup de courrier de demandes d'indulgence ou de contestations des infractions. Dans ces chemises bien remplies, je trouvais des lettres parfois désagréables, voire agressives, mais souvent des demandes touchantes de gens en grande difficulté que le montant de l'amende mettait à mal. En lisant ces courriers, j'essayais de débrouiller le vrai du faux et de faire preuve d'indulgence à bon escient. Je pouvais soit classer le PV et abandonner les poursuites, soit diminuer l'amende, ou alors poursuivre. J'attachais beaucoup d'importance à cet exercice car j'avais conscience de l'impact qu'avait ma décision sur la vie des demandeurs. J'espère avoir rendu service à un certain nombre.

Ensuite venait la réunion de 10 heures avec tous mes collègues commissaires. Elle commençait toujours à l'heure car je ne suis pas adepte du « quart d'heure toulousain » et je ne supporte pas l'inefficacité qu'entraîne le retard dans la vie professionnelle. C'est à la fois une question opérationnelle, mais aussi de respect des autres. Avec tous les collègues commissaires nous nous réunissions donc dans mon bureau pour faire le point sur la journée de la veille, sur la nuit, et préparer les événements à venir.

À Toulouse, les manifestations sont les événements les plus fréquents. On peut en compter en moyenne une par jour. Il y a aussi les visites ministérielles, véritables catastrophes pour la police car elles obèrent la bonne marche du service, concentrent les effectifs sur la sécurité du ministre et la fluidité de ses déplacements. Bref, pendant ce temps-là, on ne fait pas de police. Hélas, dans la Ville rose, les visites des ministres et autres sous-ministres sont monnaie courante, et dans ma grande naïveté, j'ai toujours espéré qu'elles étaient utiles et justifiaient notre investissement.

Avec le chef de la sûreté, nous préparions aussi les grandes opérations judiciaires, en particulier celles demandant la participation de plusieurs services.

Ces réunions du matin correspondaient à un besoin réel de continuité, de cohérence à long terme et aussi de réponses au quotidien, au plus près des besoins. Cette connaissance des uns et des autres faisait progresser l'équipe. Les services et les chefs de service qui devaient coopérer avaient mille raisons de s'affronter au quotidien : conflits positifs (cette affaire est à moi, je veux la traiter) ou négatifs (cela ne relève pas de mes compétences, pourquoi moi ?).

Mon adjoint Pierre Tristan prétendait d'ailleurs que l'essentiel de son boulot était de régler les problèmes entre les commissaires des différents services. Pierre avait longtemps été *le* patron de la police de Dax. Il savait allier la fête et la fermeté, et gérait le quotidien ainsi que l'exceptionnel de manière remarquable et remarquée. Ce Béarnais, talonneur de haut niveau au rugby, avait un courage physique incroyable, en service ou sur un terrain. Il n'avait peur de rien ni de personne. Très respectueux de la hiérarchie, il ne craignait pas néanmoins les foudres du préfet ou du procureur de la République lorsqu'il pensait avoir raison. Sa présence a été pour moi un plaisir, un confort et un appui formidable. Nous n'avions qu'un seul vrai conflit : notre participation personnelle sur le terrain aux événements les plus difficiles, au maintien de l'ordre qui promettait de dégénérer en affrontements, aux arrestations ou opérations à risques.

Le Béarnais roublard et avide d'action prétendait toujours que c'était moi qui étais allé au charbon la fois d'avant et que cette fois-ci c'était son tour. Mais je ne me laissais pas faire. Cette posture était devenu un gag entre nous, et dans certains cas, la seule solution était que nous y allions tous les deux.

Pierre avait une expression bien à lui pour résumer les situations les plus délicates. Il exposait le problème, proposait une solution et concluait par : « Et alors là, pim, pam, poum, c'est gagné ! »

Ce « pim, pam, poum » est vite devenu le symbole d'une opération bien menée. Enquête difficile, maintien de l'ordre à risque, visite ministérielle, catastrophe naturelle, préfet inquiet, procureur réticent, maire mécontent… « pim, pam, poum ! » résumait la solution.

La journée du DDSP consiste aussi à participer (hélas) à pas mal de réunions – à la préfecture, au parquet, à la mairie parfois. Il y a également beaucoup de rendez-vous à honorer avec des particuliers, des associations… et qui viennent rarement vous voir pour vous féliciter !

La sécurité, c'est difficile. C'est trop ou pas assez, et rarement juste. Il faut faire attention à ne pas devenir schizophrène, écartelé entre les demandes antinomiques des uns et des autres : plus de flics, moins de flics… plus d'interventions, moins d'interventions… plus de présence policière, moins de « harcèlement ». Devant cette avalanche de contradictions on peut légitimement se demander quelle est la demande et il faut avoir des convictions fortes pour suivre la ligne que l'on croit être la bonne.

L'emploi du temps est aussi émaillé de quelques pince-fesses, des réceptions officielles où il faut être pour représenter son institution.

Malheureusement, c'est toujours pareil. Ça commence inévitablement par des discours de circonstance que l'on ne peut éviter qu'en arrivant très en retard, ce qui n'est pas recommandé par la bienséance. Il y a un consensus des « faux culs » absolument incroyable pendant ces pensums, chacun faisant semblant d'être pénétré par l'intérêt du speach qu'on applaudira à la fin avec conviction. Je pense souvent que certains applaudissent pour fêter la fin du supplice et remercier l'auteur de s'être arrêté là, laissant place au verre de l'amitié qui va permettre de se regrouper par affinités – et peut-être d'apprendre ou de colporter quelques « renseignements » – et, pour le moins, de dire du mal des absents.

Heureusement, mon quotidien était rompu par beaucoup de surprises et d'imprévus, de jour comme de nuit. C'était mon côté préféré du métier : un coup de fil, un appel radio, et la routine bascule dans une urgence, souvent brouillonne au départ, et puis une poussée d'adrénaline vous transforme – même physiquement. Alors on passe dans une autre dimension, tous les sens en alerte. J'aimais cette transformation profonde qui s'opérait en moi dans ces moments-là. Je devenais plus fort, plus inventif, plus serein malgré l'excitation, en un mot plus performant. Ce sont ces instants qui récompensent le flic des obligations administratives subies, des déconvenues journalières, qui effacent les doutes et gomment la lassitude qui finit par vous gagner devant la complexité et la masse des problèmes quotidiens.

Malgré toutes ces années passées ensemble, mon épouse n'a jamais compris ce plaisir que j'éprouvais à être réveillé à 2 ou 3 heures du matin pour partir sur-le-champ à l'appel de mes troupes, heureux d'aller partager avec eux des situations exceptionnelles.

Il est vrai, et j'en conviens, que ce que nous les flics appelons de « belles affaires » sont souvent pour les autres des événements dramatiques. Une belle affaire est en général un crime sanglant, une prise d'otage, une manifestation violente, une fusillade… des choses qui demandent une forte mobilisation de notre part et une grande détermination pour les élucider.

Le matin, les syndicalistes avaient pris l'habitude de guetter mon arrivée – assis dans le couloir, près de mon bureau – pour s'assurer une audience matinale. Je ne pouvais pas leur échapper et parfois le début de la journée était rude.

Tous les mardis à 10 heures avait lieu la réunion de cabinet à la préfecture avec le préfet ou le directeur de cabinet et tous les services de police ou de gendarmerie. Là, on faisait le point de la semaine précédente, on évoquait les faits marquants, les tendances de la criminalité, les événements à venir, rythmés par les manifestations et les visites ministérielles.

La réunion commençait traditionnellement par un exposé des Renseignements généraux sur l'ambiance générale, sur les effectifs prévisibles des manifestants et leur degré de dangerosité. Pour moi, les prévisions des RG conditionnaient les effectifs policiers à mettre en place et j'insistais toujours pour qu'ils ne se couvrent pas trop en prévoyant large. En effet, ils avaient tendance à annoncer des manifestations plus importantes que prévu pour couvrir leurs arrières, ce qui nous conduisait parfois à mettre en place des services démesurés par rapport à l'événement. En sécurité publique et en gendarmerie, nous vivions assez mal cette culture du principe de précaution qui obérait inutilement nos capacités opérationnelles.

La Paf (Police aux frontières) intervenait assez peu. Elle n'était pas encore devenue cette machine à expulser qu'elle est aujourd'hui. La Paf (anciennement Police de l'air et des frontières), après avoir été Diccilec (sigle incompréhensible et barbare), avait retrouvé ses trois initiales sonores. Ce changement était une décision de Chevènement qui ne supportait pas non plus ce Diccilec, qui nous faisait tous penser à « dyslexique ». La recherche d'une nouvelle appellation avait d'ailleurs fait l'objet d'un brainstorming mémorable au cabinet du ministère de l'Intérieur. Et curieusement, après un exercice assez long et de multiples propositions, nous sommes revenus à ce Paf qui parlait à tout le monde.

La DST (Direction de la surveillance du territoire) était encore plus discrète, par tradition et par construction. Le contre-espionnage parlait peu devant les non-initiés.

S'agissant des gendarmes, la présentation dépendait vraiment du colonel commandant le groupement. Certains étaient adeptes d'un exposé très « mili », alors que d'autres avaient un style beaucoup plus civil.

L'arrivée de Richard Lizurey, colonel de gendarmerie et commandant du groupement de Haute-Garonne, a marqué un vrai changement dans les relations avec la gendarmerie.

Richard est un type d'une intelligence rare ayant une vision de la gendarmerie et de la police très prospective, et c'est un adepte de la coopération réelle. Nous sommes passés très rapidement de relations professionnelles à des relations amicales et notre collaboration efficace a été un atout dans le combat contre la délinquance. Pendant cette période, la police et la gendarmerie travaillaient vraiment ensemble. Nous menions des opérations conjointes, moi en ville, lui à l'extérieur. Parfois nous prenions la même voiture, chacun avec notre radio, et devant l'exemple venu d'en haut, nos gars nous imitaient et se rapprochaient, au grand bénéfice de nos concitoyens.

Cette équipe constituée de Lizurey, de Bouchité (patron des RG) et du DDSP a été très performante. Notre entente dérangeait un peu certains membres du corps préfectoral qui s'accrochaient encore au vieil adage « diviser pour mieux régner » et qui se trouvaient fort démunis.

Notre équipe a été complétée par Jean-Luc Marx, nouveau directeur de cabinet du préfet. Il avait compris tout l'intérêt de cette osmose car il était d'un naturel fédérateur et n'était pas énarque de formation.

C'est dans cet état d'esprit que j'avais décidé de créer les « vœux de la police » en réunissant tous les services (SP, PJ, RG, DST, Paf), pour montrer à la population et aux autorités une autre image de notre corps. La première année, j'ai invité les gendarmes en qualité de « cousins », puis l'année d'après – fait exceptionnel et unique qui ne nous a pas survécu –, nous avons organisé des vœux communs police-gendarmerie. Ce fut un grand moment très réussi et apprécié en interne comme en externe. Hélas, on a toujours tort d'avoir raison trop tôt…

Aujourd'hui, Lizurey est général au cabinet de Brice Hortefeux. J'espère qu'il pèsera de toute son intelligence et de ses convictions pour faire avancer les choses dans le bon sens.

N'importe quelle journée peut soudain tourner au drame.

Ce vendredi 21 septembre 2001 peu après 10 heures, je sors d'une réunion à la préfecture avec le préfet et le maire de Toulouse. À l'issue de cette rencontre difficile et plutôt houleuse entre le préfet et le maire, nous avions tous dit : « On se souviendra longtemps de cette réunion ! »

Nous l'avons tous oubliée. Et pour cause…

Je reprends mon véhicule pour retourner au service. Sur le trajet, j'entends une forte explosion que je ressens jusque dans ma voiture. Quelques secondes plus tard, la radio-police annonce : « Attentat à Air France boulevard de Strasbourg. »

Je suis à deux cents mètres. Je fais demi-tour et me rends sur les lieux.

Des vitres immenses tombent de l'immeuble.

La radio continue sa litanie : « Attentat à tel endroit… attentat… explosion… »

En quelques minutes, on me signale trente et une explosions !

Sur place à Air France, je suis rejoint par deux gardiens de la paix. Nous balisons le trottoir pour éviter que les passants ne se fassent couper en deux par les pans entiers de vitres qui tombent sur le trottoir.

Dix jours après le 11 septembre, l'attentat contre les Twin Towers de New York est encore dans toutes les têtes. Pendant quelques instants, je me demande comment gérer cette affaire qui semble invraisemblable.

Quelques minutes plus tard – une dizaine de minutes interminables –, une patrouille signale que l'explosion a dû avoir lieu à AZF, une usine classée Seveso.

Le problème n'est pas pour autant résolu, mais il est identifié.

Par radio, j'appelle le commissaire central adjoint et lui demande de se rendre à AZF pour évaluer les dégâts, afin que je puisse me rendre compte de la réalité des faits. Avec beaucoup de courage, Pierre Tristan se rend sur les lieux avec trois fonctionnaires de la BAC.

Quant à moi, je rentre au service.

Les téléphones fixes et portables ne fonctionnent plus. Heureusement, la radio-police est en état de marche. Le seul téléphone qui marche dans mon bureau est celui qui me relie directement à la préfecture et à la Direction générale à Paris.

L'explosion a eu lieu à 10 heures 16 minutes 31 secondes. La confirmation de l'origine AZF est connue à 10 h 28.

Mon adjoint me rend compte par radio de sa progression très difficile. La rocade est bloquée, la plupart des automobilistes s'enfuient de leurs véhicules, l'équipe de police pousse les voitures pour pouvoir atteindre son objectif.

Un nuage ocre envahit les lieux et pique la gorge des intervenants qui n'ont aucun équipement de protection.

Par radio, nous demandons aux autres policiers, dans la mesure du possible, de passer par le commissariat central pour se munir de masques. Je demande également la neutralisation de la rocade pour faciliter l'arrivée des secours.

Pendant la traversée du Mirail, des blessés demandent de l'aide et essaient d'arrêter le véhicule de police. Nous décidons de poursuivre notre route. Il nous faut absolument un état des lieux sur place. C'est un moment très difficile pour l'équipage qui doit continuer son chemin sans s'arrêter.

À l'approche de l'usine, mon adjoint m'annonce que la route est recouverte de terre et de matériaux divers.

Des cohortes de blessés s'enfuient, d'autres agonisent sur la route ou les trottoirs.

L'équipage rentre sur le site, découvre des morts et des blessés et essaie de se renseigner sur la possibilité d'une autre explosion.

Peu après, des effectifs de police arrivent sur place et proposent des solutions. Par radio, des équipages me demandent s'ils peuvent transporter des blessés (normalement, c'est interdit). Je réponds affirmativement pour les blessés légers. Les secours n'étant pas encore sur place, un gardien de la paix réquisitionne un autobus et transporte cinquante blessés légers à l'hôpital.

Un autre gardien a mis à l'abri deux cents personnes dans un gymnase, avec mon aval.

Le commissariat du Mirail décide, avec mon accord, de créer un poste médical avancé – deux cents personnes dans ses locaux – et de garder les enfants d'une école maternelle au premier étage du service. Ils font appel aux médecins et aux pharmaciens du quartier.

Les blessés les plus sérieux sont évacués par les pompiers.

La préfecture déclenche le Plan rouge et l'on attend l'arrivée massive des secours.

Faute de téléphone, nous passons des informations par les radios locales, en particulier pour rappeler tous les policiers qui ne sont pas en service. Beaucoup d'ailleurs se sont présentés spontanément (y compris les syndicalistes). En début d'après-midi, sept cents policiers sont à pied d'œuvre.

Dans l'heure qui suit l'explosion, nous sommes confrontés au problème des pillards. Je mets immédiatement en place un service de patrouille de policiers en civil du Service d'investigation et de recherche et nos collègues de la Police judiciaire viennent nous prêter main-forte. Huit pillards sont interpellés.

Dans l'après-midi survient ce que nous appelons entre nous le « suraccident ». Les quatre personnages les plus importants de la République sont arrivés sur le site : le président de la

République, le Premier ministre, le président de l'Assemblée nationale et celui du Sénat. En quelques jours, plus de vingt ministres viendront à Toulouse. Pour la police, ces visites officielles ont été un poids supplémentaire très lourd à gérer.

Le bilan définitif de l'explosion s'établit à 30 morts et 2 200 blessés, mais les conséquences sanitaires de la catastrophe restent incertaines.

27 000 logements ont été endommagés, 11 000 enregistrent des dégâts importants. La préfecture a mis en place une cellule « logement ».

J'estime que la survenance d'une crise révèle la culture et les savoir-faire d'une organisation.

Lors de cette crise, j'ai été frappé, ainsi que mes collaborateurs, par la mobilisation spontanée de nombreux fonctionnaires du service et leur capacité à prendre des initiatives dans un contexte de danger et d'incertitude.

En interne, les enjeux ont été la compréhension de la gravité de la situation, l'action pertinente, la sécurité des fonctionnaires et l'anticipation. En externe, les relations avec les partenaires, les sollicitations des médias et l'information de la population.

La communication et l'information de la population ont été très difficiles car les moyens habituels – téléphones fixes et portables – ne fonctionnaient plus.

La présence physique sur les lieux et dans la ville a été la réponse la plus efficace à ce besoin de communication.

Dans les premières minutes après l'explosion, les gens étaient massivement descendus dans la rue et la panique était sensible. La population était persuadée qu'il s'agissait d'un attentat. Au départ, les policiers étaient dans le même état d'esprit.

Lors de ma première intervention à Air France, quelques minutes après l'explosion, je me suis retrouvé confronté à une foule désemparée, affolée et parfois agressive.

J'ai dû intervenir pour libérer deux Arabes qui avaient été pris à partie par un groupe de personnes qui faisaient l'amalgame « Arabes = terroristes = responsables de ce qui venait de se passer ». Cet incident démontre à lui seul l'importance de l'information de la population et de la présence policière.

Lorsque la police a été informée de la réalité des faits, elle a pris des postes fixes lors des patrouilles pour les déviations et les périmètres de sécurité. Dans ses missions de circulation, elle a pu aussi informer la population.

Dans les premières minutes, elle s'est occupée des blessés pour les rassurer, les diriger et même les transporter à l'hôpital. L'efficacité de cette action a été renforcée grâce à la police de proximité dont le rôle essentiel était de renouer des liens avec la population. Cette forme de police basée sur la plus grande responsabilisation des fonctionnaires de police avait développé leurs capacités d'initiative. Tout au long des événements, j'ai bien senti l'effet de cette nouvelle culture.

L'autre moyen de communication avec la population a été le recours aux médias, radios locales ou nationales, pour faire passer l'information, des messages et des conseils. Nous avons communiqué sur l'origine de l'explosion, sur les conseils de confinement à suivre à cause du nuage toxique, etc.

Plus tard, il a encore fallu communiquer, mais cette fois-ci pour la reconnaissance de l'action policière.

En effet, quelques jours après l'explosion, la télévision publique (France 2) décide de faire une grande émission en direct de Toulouse pour remercier les intervenants. Les pompiers, le Samu et d'autres services sont invités. Mais pas la police ! On me demande juste d'assurer la sécurité et la circulation autour du site où a lieu l'émission.

J'ai fait connaître (bruyamment) le mécontentement de la police pour cet « oubli malencontreux et injuste » (texte du message à l'AFP). Cet épisode dramatique avait pourtant démontré à quel point la police de proximité avait créé chez les fonctionnaires de police un nouveau mode de fonctionnement. Plus autonomes, plus responsables, les gars avaient pris des initiatives intelligentes et efficaces. Ils avaient proposé des solutions qui avaient permis d'atténuer les conséquences douloureuses de cette explosion.

Dans les jours qui ont suivi, la presse locale et nationale a finalement souligné l'efficacité de l'action policière.

Ensuite, après un long combat avec le ministère de l'Intérieur, et sur intervention personnelle du Premier ministre, la médaille des actes de courage et de dévouement a été décernée au service de la Sécurité publique de Toulouse.

Aujourd'hui, je suis fier de voir les policiers, lorsqu'ils sont en tenue de cérémonie, porter une fourragère qui symbolise cette médaille et rappelle leur action aux yeux de tous. Ils étaient totalement au service de la population dans une relation nouvelle et responsable.

L'oubli de la police au moment des remerciements m'a fait sortir de mes gonds. La dépêche AFP, que j'avais voulue un peu humoristique et décalée, m'a valu une sévère engueulade du ministre de l'Intérieur, Daniel Vaillant. Néanmoins, elle a remis les choses en ordre. Lors de la remise de la médaille des actes de courage et de dévouement à Beauvau, j'ai remercié Lionel Jospin, Premier ministre, d'avoir accédé à ma demande. Gentiment, c'est lui qui m'a remercié d'avoir pris cette initiative, soulignant que c'était une très bonne idée.

Autour de nous, ceux qui avaient refusé – trouvant cette idée farfelue – faisaient grise mine et arboraient des sourires convenus : ils avaient raté l'occasion d'être à l'origine de cette initiative.

La police de proximité avait démontré son efficacité au quotidien ; elle venait de prouver sa qualité dans les situations exceptionnelles.

Malgré cela, quelques années plus tard, elle sera balayée d'un haussement d'épaule pour de mauvaises raisons, faisant fi une fois de plus de l'intérêt général.

5

La sécurité est une affaire sérieuse qui ne peut plus et ne doit plus être un enjeu politique au service du pouvoir. Elle ne doit plus être considérée comme une affaire de police uniquement. La sécurité doit devenir une coproduction qui trouve sa place entre l'angélisme et le tout-répressif. La mise en place des CLS (contrats locaux de sécurité) était d'ailleurs la concrétisation de cette idée.

En France, on sait travailler en vertical. En horizontal, c'est-à-dire en mettant en synergie tous les services concernés, c'est beaucoup plus complexe. Sortir la sécurité de la seule logique policière est un événement important car cela change totalement la philosophie de l'action et offre de nouveaux leviers sur les problèmes d'insécurité. C'est une approche presque médicale. On fait de la prévention, on cherche les origines de la maladie, on prend des mesures prophylactiques, on consulte, on fait un diagnostic et, enfin, on applique un traitement au spectre le plus large possible.

Il faut arrêter de regarder l'arbre pour enfin voir la forêt qui se cache derrière. Finalement, la sécurité n'est-elle pas un problème trop sérieux pour la confier à des politiques ? Il est vrai que le temps des politiques et le temps des techniciens n'est pas le même. Régler sérieusement les défis de la sécurité, c'est aussi accepter d'inscrire une action dans le temps. Et ce temps n'est pas compatible avec celui d'un mandat d'élu.

Seuls des hommes politiques ayant une vision à long terme et qui se soucient davantage de l'intérêt général que de leur carrière peuvent oser s'engager dans cette voie. Joxe et Chevènement étaient de cette trempe, guidés par l'intérêt public, ne cédant ni à la pression médiatique ni à cette gesticulation stérile qui est aujourd'hui le seul mode de pensée et d'action de nos responsables.

J'ai bien connu cela dans ma carrière : une agression dans le métro ? On crée une brigade du métro. Une agression dans le bus ? Alors on crée une brigade des bus. Une personne âgée est agressée ? Vous connaissez la suite... Le tout, bien sûr, sans créer de nouveaux postes. Si l'émotion est forte, on fait voter une loi, même si elle existe déjà. De toute façon ce n'est pas grave, il n'y aura pas de décret d'application et elle restera lettre morte !

L'effet d'annonce remplace la réflexion, et le bon peuple, crédule, est content parce qu'« on a fait quelque chose ».

La vision du cabinet de Chevènement était tout autre car se construisant autour de la question suivante : la police est-elle au service du pouvoir ou au service du citoyen ? Pour nous, la réponse était claire et c'est bien elle qui fut à l'origine de l'« invention » de la police de proximité.

Affirmer que la police doit être au service des citoyens induit évidemment une autre forme d'organisation, des missions nouvelles, une évaluation de l'action policière en fonction de nouveaux paramètres. Et même quand le but n'est plus de satisfaire le pouvoir, de l'aider à « vendre » l'action policière en brandissant des chiffres bidouillés, il faut des résultats. Mais ces résultats ne se déduisent pas de données plus ou moins abstraites, ils se voient dans la rue. Le sentiment de sécurité se mesure directement auprès de la population concernée. On ne travaille plus avec des statistiques, on est de plain-pied dans la réalité.

L'exercice annuel des préfets qui consiste, en s'appuyant sur des chiffres abscons, à expliquer aux gens que tout va mieux et qu'ils peuvent dormir en paix alors qu'ils ressentent souvent l'inverse, est très négatif et entame encore plus la crédibilité de nos concitoyens envers les autorités.

Nous nous sommes livrés à cet exercice à Toulouse, quelques mois après la mise en place de la police de proximité dans le quartier du Mirail, mais sous la forme d'un sondage auprès de la population. Les réponses étaient claires : on dormait mieux, les voitures brûlaient moins, un magasin avait ouvert, les médecins revenaient faire des visites à domicile, etc. Les gens nous disaient qu'ils reprenaient confiance, qu'ils étaient moins inquiets. Aujourd'hui encore, dans ce quartier en particulier, les habitants parlent avec nostalgie de la police de proximité et regrettent amèrement sa disparition.

Le Che disait : « La police est un art. » Il avait tout à fait raison. C'est même un art difficile et, bien que nous ne soyons pas des artistes, nous devons être au moins de bons artisans. Artisans de la cohésion sociale, de la grande plomberie de la société, colmatant des fuites, débouchant les tuyaux, résorbant les trop-pleins qui mettent nos concitoyens dans des situations insupportables, artisans de l'équilibre entre les demandes souvent contradictoires de nos mandants.

Être flic, c'est être cet artisan de la paix intérieure, de l'équilibre entre la loi et l'humain, entre la rigueur et l'intelligence. La burette à la main, nous devons mettre de l'huile dans les rouages d'une société de plus en plus menée par la peur.

Être flic d'ailleurs, c'est quoi ? Beaucoup de gens me posent la question. Et il n'est pas simple d'y répondre.

Dans la police, il y a plein de métiers différents. Faire partie des Renseignements généraux (RG), de la Police aux frontières (Paf), de la Police judiciaire (PJ) ou de la Sécurité publique (SP), ce n'est pas la même chose. De plus, le grade et la fonction que l'on exerce changent la vision que l'on peut avoir du métier.

Après avoir été enquêteur dans un commissariat parisien, puis inspecteur à la Police judiciaire de la préfecture de Paris et à la Brigade financière, j'ai choisi ma religion : en tant que commissaire, j'ai opté pour la Sécurité publique. La Sécurité publique, c'est le généraliste, le quotidien au plus proche des citoyens et des problèmes de tous les jours.

Un commissariat de sécurité publique, c'est à la fois un service d'urgence et un confessionnal. On ne traite que de l'humain. C'est le réceptacle de la misère humaine et si de nombreux autres services voient beaucoup de choses, nous, on voit tout. Un commissariat, c'est aussi la lutte contre la délinquance, la chasse aux voyous qui mobilise les flics jour et nuit. Le goût de l'action, le goût du danger partagé, mais aussi celui du travail en équipe et de la solidarité sont des piliers de la vie policière. On rêve toujours de « grosses affaires » mais on en fait surtout des petites : petites pour nous, mais essentielles pour les plaignants. C'est une chose que j'ai découverte dans les premiers jours de mes fonctions policières, et puis en tant que commissaire et chef de service, ma vision s'est élargie et j'ai pu mesurer l'ampleur du défi ainsi que la demande considérable et souvent bouleversante de la population.

La police est pour beaucoup le dernier recours, le dernier rempart. Les gens nous demandent énormément, exigent des résultats, une réponse à leur problème, une alternative à leur désespoir. Pour répondre parfaitement à ces attentes, il faudrait une police parfaite, composée de surhommes. Hélas, ou tant mieux, le policier est un être humain, lui-même confronté aux difficultés de la vie. Mais bien souvent, sa faiblesse fait son humanité.

Le rôle du « patron » est de connaître ses hommes, d'en tirer le meilleur, de leur montrer le chemin par le respect et l'exemple. Il faut être sur le terrain avec eux dans les situations difficiles, quand c'est chaud... Non seulement avec eux, mais si possible devant ! J'ai appris que lorsqu'on donne, on reçoit toujours plus.

Je suis reconnaissant à tous ces flics courageux avec qui j'ai travaillé pendant les « sauteries » du matin, lorsqu'on va serrer des voyous, lors des maintiens de l'ordre violents où l'on reçoit des pluies d'objets divers et surtout dangereux. Je leur en suis reconnaissant car c'est leur force qui m'a donné du courage. Souvent, la barre était haute, mais en tant que patron, je ne pouvais pas être moins courageux qu'eux.

Au cours de ma carrière, j'ai connu beaucoup de mecs formidables, et pas forcément au sommet de la hiérarchie. J'ai gardé plus de relations amicales avec des gardiens de la paix ou des officiers, avec qui j'ai vécu des choses fortes, les dangers créant des liens indéfectibles, qu'avec certains commissaires qui pensaient peut-être que leur grade les dispensait d'affronter le péril.

Être flic, c'est aussi un état d'esprit. La police n'a pas une existence autonome, elle doit s'inscrire dans la vie de la société, et ce rôle est essentiel.

Il est plus facile pour un policier de traiter de grosses affaires que d'être disponible au quotidien pour absorber toutes les misères du monde. L'affaire d'un plaignant qui se déplace au commissariat est toujours importante et elle doit être prise en compte avec sérieux et attention, quelle qu'elle soit. Le pire pour une victime, c'est d'entendre ce genre de phrase : « Mon pauvre monsieur, vous êtes le vingtième de la journée, que voulez-vous qu'on fasse ? » et d'être reçu par des policiers qui essaient à tout prix de ne pas prendre la plainte. Une des idées de la police de proximité, c'était justement d'insister sur l'accueil et de recevoir toutes les plaintes. Bien sûr, ce n'est pas bon pour les statistiques ni le taux d'élucidation.

On parle beaucoup de déontologie.

La définition du dictionnaire précise que la déontologie est « la théorie des devoirs tels qu'ils entrent dans des situations concrètes de choix moral » ou plus précisément l'« ensemble des règles morales qui régissent le comportement des membres d'une profession ».

Dès mon arrivée dans la marine comme jeune et simple matelot, j'ai appris que je ne m'appartenais plus totalement. Marin d'État, je représentais partout la marine et cela me donnait des obligations. Mon comportement pouvait soit l'honorer, soit lui porter préjudice.

J'ai tout de suite compris l'importance de cette responsabilité au niveau de ma profession et de mon statut. Mes parents m'avaient déjà inculqué cette notion au sein de la famille, et de mon comportement dépendait aussi l'image familiale.

Dans « La Royale », ce sentiment d'appartenance et de responsabilité était très fort. Matelot, quartier-maître, sous-officier, officier… L'engagement dépasse le simple individu et crée des obligations.

En tenue, on devient un symbole, comme un drapeau, et il faut avoir l'humilité de s'effacer devant cette responsabilité. En tenue, on ne prend pas une femme par le bras, on ne fume pas dans la rue, on n'arbore pas de boucle à l'oreille ou de coiffure incompatible avec le port de l'uniforme. Cette adéquation du comportement à la fonction peut sembler une attitude dépassée. Elle est pourtant importante pour obtenir le respect, à l'intérieur comme à l'extérieur.

Dans la police, j'ai naturellement retrouvé cette attitude. Lorsqu'on est policier, on représente l'État, la force publique, une fonction qui transcende la personne.

Enquêteur, inspecteur, commissaire ou contrôleur général, j'ai toujours ressenti cette obligation comme quelque chose de naturel, une forme de respect envers la puissance publique qui m'avait délégué un peu de ses pouvoirs.

Partout où j'allais, en service ou non, mais connu comme commissaire de police, j'étais attentif à rester digne de cette fonction et toujours inquiet de la servir au mieux. C'est une attitude partagée par beaucoup de gens dans des domaines professionnels et à des niveaux de responsabilité très différents.

Malheureusement, j'ai pu constater (et je constate toujours) que beaucoup d'hommes politiques ont oublié cette notion de déontologie. Ils oublient qu'une fois élus, ils représentent le peuple et incarnent le pouvoir politique. Le président de la République lui-même semble souvent ne pas avoir présent à l'esprit qu'il incarne une fonction qui crée des obligations et dépasse de loin sa personne.

D'ailleurs, si l'on se fie aux sondages divers, on voit bien que cet oubli lui coûte cher et que la population ne lui pardonne pas ce manque de déontologie.

Comment, une fois élu, un homme politique peut-il s'adonner à la langue de bois, aux vaines promesses, voire au mensonge, parce qu'il lui semble que c'est une tradition de la profession ?

Élu par le peuple, ne lui doit-il pas la vérité, n'est-il pas à son service ? Les déclarations de campagne de Nicolas Sarkozy avaient-elles pour seul but de conquérir les électeurs ? Ses déclarations d'aujourd'hui ont-elles d'autre fin que son éventuelle réélection ?

Cette façon de mentir, parfois outrancière, dénote un véritable manque de respect du peuple, un mépris intolérable de sa souveraineté.

Lorsqu'on s'interroge sur l'abstention croissante, le désintérêt de la chose publique et la perte de crédibilité des hommes politiques, je crois qu'on devrait d'abord aller faire un tour du côté de cette fameuse déontologie.

Annoncer des choses et ne pas les faire, remplacer l'action par l'effet d'annonce, se livrer en permanence à la gesticulation et en faire un mode de gouvernement est un signe fort de mépris du peuple et une cause du divorce évident entre les citoyens et le pouvoir. En matière de sécurité, par exemple, si l'écart entre la volonté affichée et les moyens réellement mis en œuvre est une constante, sous l'ère Sarkozy, il prendra une ampleur inédite, les bonnes paroles allant jusqu'à se substituer à la mise en place de moyens. L'annonce médiatique est devenue en elle-même un moyen de combattre l'insécurité !

Aujourd'hui, ce système est poussé à l'extrême. L'exemple venant d'en haut, certains ministres n'ont plus aucune pudeur.

On se lâche entre amis, on se comprend :

« Quand il y en a un, ça va, c'est quand il y en a plusieurs que ça pose problème[1]. »

C'est vrai que lorsqu'on trouve côte à côte dans le même gouvernement Brice Hortefeux et Éric Besson, on a toutes les raisons d'avoir peur.

Moi, je ne suis pas un déçu de la politique. Heureusement, j'ai connu des grands hommes.

1. Phrase prononcée par Brice Hortefeux alors qu'il venait de poser pour une photo avec un jeune UMP d'origine maghrébine.

Et il y en a encore. Je crois toujours à l'intelligence du peuple, parfois longue à se manifester, mais inéluctable. Je pense qu'il est urgent d'en finir avec ces dérives pour s'attaquer aux vrais problèmes.

Comment faire confiance à un chef de l'État qui nous ressert pour la troisième fois et à quelques années d'intervalle le même discours sur la sécurité ? Les mêmes mots, les mêmes annonces, la même fausse détermination… On va voir ce qu'on va voir ! La sécurité re-re-redevient une priorité gouvernementale, absolue, on va prendre des mesures drastiques, plus de concessions !

Dès que les sondages baissent, on ressort cette vieille lune, avec des idées tellement éculées que les conseillers du président doivent faire du copier-coller avec les anciens discours.

Nos dirigeants devraient réfléchir en profondeur à ce problème crucial qui conditionne la vie de chacun au quotidien. Pourtant, ils ont tous les atouts en main, ils ont autour d'eux des gens compétents, avec de l'expérience. Ce qui manque visiblement, c'est la volonté. Derrière ce baratin de camelot et ces gesticulations de bateleur, y a-t-il réellement une volonté de lutter contre la délinquance ?

Alors que c'est traditionnellement son fonds de commerce, d'aucuns pensent que, finalement, la droite n'a pas vraiment l'intention d'avancer sur les problèmes sécuritaires. Question de stratégie... À chaque fois que se présente une difficulté ou avant des échéances électorales, cela permet de ressortir l'arsenal répressif et de rassembler le « peuple » autour de cette peur habilement renouvelée, devenue un véritable moyen de gouverner.

Cette peur, quand elle faiblit un peu, on la cultive, en enrichissant parfois son terreau avec des arguments nauséabonds : la peur de l'autre, de l'étranger, celui que l'on ne connaît pas et que l'on désigne – comme ça, en passant, par petites touches – comme le responsable de tous nos maux. Ce qui marche bien ? Les valeurs sûres ? Ce sont les jeunes, forcément voyous, et ces dangereux étrangers qui viennent voler nos biens et manger notre pain. Un grand classique... Le déplorable et récent épisode de l'expulsion des Roms n'est qu'un exemple (éloquent) parmi d'autres. Faire appel à la peur du romanichel, agiter l'épouvantail du bohémien qui a nourri nos frayeurs de gosses, ces méchants qui volent les poules et mangent les enfants, c'est vraiment tomber bien bas. À quand le loup-garou ou la bête du Gévaudan ?

Avec l'appui de Besson – l'homme qui a trahi son camp en pleine campagne présidentielle pour rallier sans panache la partie adverse, ce nouveau « converti » qui ira sans pudeur plus loin que n'importe qui de sa nouvelle famille politique –, on a mis en scène de façon très orientée « l'identité nationale », espérant à juste titre que ce débat – qui tombe à pic – conduirait inévitablement à faire le tri entre le bon grain et l'ivraie, c'est-à-dire entre le bon et le mauvais Français. Le bon est-il plutôt blanc, catholique, se levant tôt et travaillant plus pour gagner plus ? Le mauvais ne serait-il pas un peu bronzé, musulman et plutôt feignant ? Ou rom ? Et pour ceux qui n'auraient pas bien compris, on en remet une couche avec les minarets, les mosquées, la burqa (bien que poser le problème du voile soit justifié)... On s'inquiète des dérives des musulmans (mais on passe sous silence les problèmes des prêtres catholiques pédophiles) et, histoire de bien faire prendre la sauce, on rajoute une pincée de terrorisme et le tour est joué.

Ayez peur, braves gens ! On vous explique à longueur de journée par médias interposés pourquoi vous devez abandonner des libertés pour gagner en sécurité. Ayez peur sur la route ! du gendarme, du radar, de l'accident ! Ayez peur dans votre travail puisque vous risquez de le perdre… Ne manifestez pas trop, faites des concessions sur les salaires, sur les horaires… Travaillez plus !

La peur, c'est ce qui permet de justifier et d'empiler des lois de plus en plus répressives. Elle permet d'être en permanence dans une espèce d'« état d'exception ».

On donne du sens à la peur pour la rendre plus durable et plus forte, au risque avéré de faire le lit du Front national, qui n'en demandait pas tant. Et dire que Sarkozy se vantait d'avoir détruit l'extrême droite ! Encore une erreur d'appréciation et une affirmation gratuite.

Je crains aussi qu'il n'exploite la crise financière pour conforter ce sentiment d'inquiétude : peur de l'avenir, d'être au chômage ou ruiné, peur des hordes sauvages qui pourraient envahir notre pays en friche. Tout cela encore à cause de « l'étranger », en l'occurrence l'Europe.

Alors, dans un réflexe salvateur, regroupez-vous autour de votre chef « charismatique », qui est le meilleur dans le monde, qui va vous sauver,

sauver l'Europe et la planète ! Bien sûr, il faudra accepter de gros sacrifices financiers, mais aussi rogner sur vos libertés pour qu'on vous protège mieux. Tous les gens qui réfléchissent autrement, qui ne prônent pas ces idées simplistes, en particulier en matière de sécurité, ne sont que des laxistes irresponsables, de dangereux utopistes, au mieux de grands naïfs ! Alors tenez-vous éloignés d'eux, car c'est votre intérêt et celui de la France !

Pourtant, soyez-en sûrs, on peut réfléchir et agir autrement.

Pour retrouver son chemin, le Petit Poucet Sarkozy lance ses cailloux sur les étrangers, espérant ainsi retrouver la voie de la victoire aux présidentielles. Il ferait mieux de baliser sa route avec des repères moins nauséabonds, car le méchant loup de l'extrême droite le guette et va le dévorer tout cru.

Après avoir agité ces idées simplistes, il suffit d'enclencher le débat sur l'insécurité immédiatement derrière. Alors le lien est fait, la boucle est bouclée et chacun devra en tirer les conclusions.

Cet usage de l'insécurité à des fins électoralistes est inacceptable. Pendant ce temps-là, indifférente à ces gesticulations et ces manœuvres, la délinquance augmente.

Très justement, on a affiché dans les commissariats et remis aux policiers (qui doivent le porter sur eux) un code de déontologie, leur rappelant constamment les devoirs de leur profession.

Peut-être serait-il judicieux de remettre aux hommes politiques ce genre d'opuscule de façon à les rappeler aux obligations de leur mandat et à leurs devoirs vis-à-vis des citoyens qui les ont portés au pouvoir.

Plus de vertu de la part de nos élus et des hommes de pouvoir ne pourrait qu'avoir un effet bénéfique sur leur crédibilité et renforcer l'adhésion de la population à leur action. Ce cercle vertueux permettrait peut-être de mettre fin au désintérêt grandissant de nos concitoyens pour la chose politique et inverser la tendance de l'abstention.

Lorsqu'un président de la République lance « Casse-toi, pauvre con » à un citoyen, il déshonore sa fonction. Il oublie qu'au-dessus de lui il y a une institution dont il est censé être le premier représentant. Si un policier s'adressait de cette façon à une personne, il pourrait à juste titre être poursuivi (voire condamné), en tout cas sanctionné par sa hiérarchie. Si les rôles avaient été inversés et que le citoyen avait lancé cette insulte au Président, il aurait été poursuivi pour outrage.

Lorsqu'il est venu à Toulouse en tant que ministre de l'Intérieur pour démolir le travail de quatre années difficiles, on aurait pu lui lancer nous-mêmes cette phrase en lui demandant de retourner travailler sur le sujet. Nous aurions été condamnés, vilipendés, poursuivis, virés de la police sans droits à la retraite. Le respect serait-il à sens unique ?

Comment prendre au sérieux un homme qui dit à un contradicteur « Descends si tu es un homme ! » alors que lui-même est entouré par quarante flics qui le protègent. C'est parfaitement grotesque et indigne de sa fonction.

C'est donc ce même homme qui, quelques années plus tôt, est venu casser sans vergogne et pour de mauvaises raisons un outil qui fonctionnait et qui était apprécié par la population. Sans doute pour des raisons politiques et peut-être (ou surtout) pour montrer ses bras musclés et se fabriquer à peu de frais l'image d'un Superman omniscient mais qui fait peu de cas de l'intérêt général.

Personnellement, j'ai trop de respect pour la fonction pour admettre qu'il en soit ainsi. Si on libérait cette chape de plomb qu'on appelle le

« devoir de réserve », si on soulevait le couvercle et qu'on laissait les policiers s'exprimer, je crois qu'on serait surpris par la virulence de leurs réactions et l'expression de leur désarroi.

Baladés de réforme en réforme, ballottés d'ordres en contre-ordres, sommés en permanence de se mettre « enfin » au travail, ils peuvent avec résignation prendre à leur compte les célèbres vers du poème de Rudyard Kipling :

Si tu peux voir détruit l'ouvrage de ta vie.
Et sans dire un seul mot te mettre à rebâtir…
Tu seras un homme, mon fils.

Ou plutôt : « Tu seras un flic, mon gars ! »

On a voulu nous ridiculiser parce que nous nous sommes servis du sport comme un vecteur supplémentaire d'intégration.

Soyons bien clair : quand les policiers faisaient du sport avec les jeunes des quartiers, c'était en dehors des heures de service. Il s'agissait d'un plus consenti par les fonctionnaires pour parachever leur immersion dans leur secteur. Il n'y a pas beaucoup de professions où l'on fait plus d'heures gratuitement juste pour mieux faire son travail et parce qu'on est impliqué dans la réussite de sa mission.

La police de proximité ne passait pas son temps à organiser des matchs de rugby avec les jeunes sous le regard narquois des voyous, comme on a pu le dire parfois. Les délinquants ont été identifiés, isolés, ils ont fait l'objet de procédures et beaucoup d'entre eux ont été incarcérés, soulageant le quartier de leur présence néfaste et renforçant la confiance des habitants.

La police a des relations particulières avec la population, des relations souvent ambiguës, faites de respect, de crainte, de défiance et parfois même de « haine ».

Le policier, tel un arbitre au centre du terrain social, tente de faire respecter la règle, autrement dit la loi, avec la plus grande efficacité possible. Si l'on y regarde de plus près, son action présente bien des similitudes avec le sport. C'est un travail sur l'être humain qui suppose l'apprentissage du respect de la règle, un esprit d'équipe et une intégration au groupe. Le policier, comme l'entraîneur sportif, doit travailler sur l'individu tout en veillant à organiser un équilibre harmonieux entre des citoyens différents aux aspirations multiples et souvent contradictoires.

Pour la police, comme pour le sportif, le respect de la règle s'impose. Il est nécessaire au développement de la société ou de l'équipe. Le policier doit trouver lui aussi l'équilibre entre le faisable et le souhaitable, entre l'objectif et le possible. Toute erreur de sa part va à l'encontre de sa mission. S'il crée des tensions au lieu de les apaiser, c'est qu'il se trompe de voie.

Le souci de la performance va de pair avec l'esprit d'équipe. Aucun travail de police ne peut être efficace s'il est solitaire. Cet esprit est la condition sine qua non de la réussite, il est une garantie pour le policier, mais également pour le citoyen, qu'il protège des errements individuels.

Le sport est un instrument d'intégration et d'égalité incontestable. Vecteur éducatif, source de culture, espace de liberté et de respect de l'autre, il est devenu une forme de contrat social. Un contrat social à définir et à évaluer, qui peut participer à rendre la société plus solidaire et plus juste. Et cette égalité des chances sur le stade doit être prolongée dans la vie sociale.

Nous voyons bien que ce lien privilégié entre le sport et la société coïncide avec le travail des policiers au quotidien. Comme le sport, la police est au cœur de la société, comme arbitre et régulateur. Le policier doit se servir de cet outil comme « arme de régulation massive ».

L'organisation de matchs sportifs dans les quartiers entre la police et les jeunes a permis de passer de la notion d'ennemi à celle d'adversaire, et ce passage est très important pour le reste de l'action policière. L'adversaire peut être combattu, mais dans le respect des règles et de celui qu'on affronte de façon pacifique.

6

Je m'assois au bord de la rivière et j'attends de voir passer le corps de mon ennemi…

Je vois les débris de la bataille perdue par Sarkozy contre l'insécurité. La presse s'en fait l'écho :

« Sécurité : le modèle créé par Sarkozy s'essouffle », « Les policiers ont le sentiment d'avoir été abandonnés par le gouvernement » (*Le Monde*, 25 mars 2010) ; « Sécurité : Sarkozy retrouve les bandes comme bouc émissaire » (*Marianne*, 14 avril 2010) ; « Insécurité, l'échec de Sarkozy » (*L'Express*, 25 février 2010).

Les discours répétitifs ont sans doute trouvé leur limite. L'illusionniste ne fait plus illusion et pourtant il essaie encore et toujours de relancer son vieux numéro.

Il a envoyé Hortefeux au charbon… mais en lui supprimant le charbon. Ce qui lui permet d'annoncer, avec une certaine jouissance, aux députés UMP réunis à l'Élysée :

« J'ai tué le métier de ministre de l'Intérieur. »

Je ne sais pas s'il a tué le métier, mais une chose est sûre : il s'est trompé de métier. Être ministre de l'Intérieur, donc responsable de la sécurité, ne consiste pas à aligner des annonces permanentes sans cohérence en fonction de l'actualité et de l'émotion du public, à répéter les mêmes discours, à créer des brigades à chaque événement.

Pire encore ! C'est quand on revient aux plus mauvaises solutions, quand on va rechercher les vieilles recettes qui n'ont pas fonctionné qu'on parle triomphalement de « retour aux fondamentaux ».

Le retour aux fondamentaux, c'est le retour à la base, à l'essentiel. Alors pourquoi cet acharnement à revenir à des pratiques qui ont fait la preuve de leur inefficacité ? Par paresse, par manque d'inventivité, par manque de volonté réelle de résoudre le problème, par désir de ne pas tuer la poule aux œufs d'or et d'entretenir la peur – procédé classique de la droite à l'ancienne ?

Quelles que soient les raisons, elles sont mauvaises à partir du moment où elles conduisent nos concitoyens à vivre dans la difficulté et dans une insécurité grandissante.

Alain Bauer, professeur de criminologie au Conservatoire des arts et métiers et que l'on ne peut pas soupçonner d'être un opposant à Sarkozy, a publié en avril 2010 un rapport intitulé « Où sont les policiers et les gendarmes dix ans après ? » Cette étude qui analyse la réalité de l'occupation de la voie publique par les forces de l'ordre en s'appuyant sur les données officielles du ministère de l'Intérieur dresse un constat sévère sur l'insuffisance de la présence policière sur le terrain.

Dix ans après, les effectifs des forces de l'ordre n'ont augmenté que de cinquante-neuf agents ! En 1998, le nombre de policiers et de gendarmes (hors personnel administratif) était de 222 000. Aujourd'hui (si mon calcul est bon), il est de… 222 059.

L'étude s'arrête en 2008. Or, depuis 2009, le gouvernement a détruit plus de 9 000 postes de policiers et de gendarmes. Dans le cadre de la RGPP (Révision générale des politiques publiques), il a également programmé la suppression de 11 000 postes d'ici à 2013.

Si l'on rapproche ce constat de l'augmentation constante de la population française, (environ 6 % en dix ans), la situation est encore plus catastrophique.

Ce gouffre énorme entre les annonces d'une sécurité priorité absolue et la réalité du terrain devient insoutenable et souligne l'inanité de ces déclarations volontaristes restées sans suite.

Tous les policiers le savent : l'effectif théorique de la police et de la gendarmerie n'a rien à voir avec la réalité de celui dont on dispose sur le terrain.

Les auteurs de cette étude constatent qu'entre 1998 et 2008 « le nombre moyen de policiers ou de gendarmes par habitant passe de 1 pour 409 à 1 pour 753 dans les services de la sécurité publique, de 1 pour 208 à 1 pour 421 dans les services parisiens, et de 1 gendarme pour 485 habitants à 1 pour 994 ». (Étude Bauer « Où sont les policiers et les gendarmes dix ans après ? »)

Ils précisent que « c'est sans compter sur les RTT, les congés bien légitimes et les cycles de travail des agents, dont des récupérations ».

Pour faire comprendre cet écart majeur entre l'effectif théorique et la réalité du terrain, j'expliquais souvent à mes interlocuteurs que pour garder une porte 24 heures sur 24, il faut sept fonctionnaires.

En sécurité publique, pour ceux qui sont au contact et au service quotidien de la population (le service que les citoyens connaissent le mieux), le problème est aggravé par les « charges indues », c'est-à-dire toutes ces missions qui détournent la police de la voie publique.

Depuis plusieurs dizaines d'années, ces charges indues ont été dénoncées et ont fait l'objet d'un combat syndical soutenu par tous les corps, des gardiens de la paix aux commissaires.

Au-delà du fonctionnement du service lui-même, tout ce qui a trait à la justice pèse d'un poids considérable sur les services. Escorte des détenus, garde des prisonniers à l'hôpital (très lourd et imprévisible, l'administration pénitentiaire ayant pris l'habitude d'hospitaliser des « malades » pour le week-end), tenue des dépôts, police des audiences.

Lorsque j'étais à Nîmes, j'avais calculé qu'au quotidien, un tiers des effectifs était affecté à des charges judiciaires, et j'ai mené des combats épiques contre les gardes des détenus. Lorsque, pour toutes ces raisons cumulées, on se retrouve dans une ville comme Toulouse avec seulement un seul équipage de police secours, il est impossible de faire face efficacement aux diverses sollicitations des citoyens.

Les gardes statiques obèrent aussi gravement la disponibilité des effectifs. À Toulouse, par exemple, j'ai essayé vainement de convaincre le préfet de supprimer la garde de la préfecture par des policiers spécifiquement affectés à cette tâche. Pour ce genre de missions « plante verte », on peut recourir à l'externalisation. D'ailleurs, depuis la disparition des appelés, même les militaires ont recours à des entreprises privées pour le gardiennage des casernes.

Dans la police, pour des raisons compréhensibles (dues aussi aux conditions de travail), le taux de congés maladie est fort. Les auteurs de l'étude Bauer font état de 1,2 million de jours dans la police et 500 000 dans la gendarmerie en 2008, ce qui représente l'équivalent de 7 300 emplois à temps plein par an.

La même étude comptabilise 9 % de policiers blessés en 2008 (soit 10 908) et 1 % de gendarmes (soit 1 905). Cela souligne bien la pénibilité du métier et montre la difficulté grandissante d'exercer cette fonction en ville.

Ces chiffres nous éclairent sur l'abandon du terrain par l'État et expliquent l'engouement immodéré du gouvernement pour la vidéosurveillance, qu'il essaie de vendre comme le substitut idéal à cette dramatique absence d'effectifs.

On a également cru pouvoir améliorer la sécurité par une « inflation législative » sans précédent. Mais les résultats n'ont pas suivi, ce qui prouve que la réponse ne réside pas dans la multiplication des réformes pénales.

Brice Hortefeux, malgré ses déclarations lénifiantes (« septième année de baisse consécutive de la délinquance en France ») et ses affirmations à l'emporte-pièce (« pari pris, pari tenu »), est loin des objectifs annoncés.

Comme l'écrit *Le Monde* du 16 avril 2010, « il est placé sous surveillance ». Le 21 avril de cette même année, Nicolas Sarkozy recevait à déjeuner à l'Élysée les responsables des syndicats de police de tous les corps, suivis par les représentants de la gendarmerie le 23 avril. Cette reprise en main du chef de l'État montre que lui-même n'est pas dupe des annonces triomphales de son ministre et que son plus fidèle ami n'a pas trouvé de solutions satisfaisantes. Des parlementaires de la majorité se laissent aller à dire :

« On a changé Darcos, on aurait mieux fait de changer Hortefeux. »

Une fois de plus, Sarkozy et son fantasme de « premier policier de France » (qu'il rêve d'être et ne sera jamais) se présentent comme un piètre recours. Au lieu de remplacer les têtes ou de s'adresser aux mêmes hommes providentiels, il faut changer de politique de sécurité et trouver des solutions innovantes pour combattre le crime et les causes du crime.

⁂

Une affaire : un bâton. Il vaut mieux traiter une contravention qu'un délit compliqué ou un meurtre. C'est une affaire de bâtons ! Autrement dit de chiffres… Des bâtons, des bâtons… et nos concitoyens seront bien gardés.

Passer deux ou trois nuits sans résultats est devenu intolérable. Certaines personnes viennent encore me voir aujourd'hui en me disant qu'ils ont un peu honte de ce qu'ils font. Mais ils ont compris le système… L'essentiel pour eux n'est plus de faire de beaux flags mais de faire du chiffre pour alimenter les statistiques. La qualité de l'affaire n'a plus d'importance, seule compte la quantité. Ramener deux shiteux et une prostituée constitue un résultat satisfaisant : trois affaires constatées, trois affaires résolues, 100 % pour le taux d'élucidation !

Les commissaires se sont retrouvés sous la pression incroyable des préfets. Les préfets eux-mêmes se sentent menacés en permanence. Un mauvais résultat, et c'est une engueulade du ministre ou, pire, un départ pour le cimetière préfectoral de la mise à dispo. Chef du placard, même avec des cintres dorés, c'est dur !

D'ailleurs, dans la police, la coutume veut qu'on ne demande rien à un préfet le mardi soir, car il est toujours très inquiet sur le sort qui lui sera réservé le mercredi au Conseil des ministres si jamais il n'a pas de bons chiffres.

À chaque échelon, on fait ce qu'il faut pour « ne pas être emmerdé » et on choisit les missions qui rapportent. Tous les policiers savent le faire et on donne à l'échelon supérieur ce qu'il veut recevoir.

L'infantilisation engendrée par la culture du résultat est terrifiante et induit de nombreuses dérives, conduisant souvent à l'abandon des missions essentielles. La qualité est remplacée par la « bâtonite ».

À nous les flics, on a toujours plus ou moins demandé des chiffres… enfin, des bons de préférence. Mais à cette époque, on faisait d'abord de la police, de la bonne police si possible, puis on essayait de présenter des résultats corrects. Aujourd'hui, seule la présentation des chiffres compte.

Les policiers de tous grades ont compris la manœuvre. La hiérarchie a besoin de bons chiffres pour faire une carrière acceptable, pour éviter la honte de la stigmatisation du plus mauvais DDSP, du plus mauvais département, du plus mauvais préfet.

La commande descend en suivant les tuyaux hiérarchiques. Et plus ça tombe de haut, plus ça fait mal à l'arrivée.

Le Président exige, le ministre de l'Intérieur amplifie, les préfets relaient, le DDSP met en forme, l'officier répartit par services, le brigadier adapte la demande à sa brigade et le gardien de la paix préserve son bien-être en honorant la commande. Chacun en rajoute un peu au passage et parfois, en bout de chaîne, pour que la commande soit claire, on en arrive à demander ouvertement des quotas.

Malgré les dénégations officielles, cette politique du rendement existe dans tous les domaines. Aujourd'hui, malheureusement, on constate que les policiers sont soumis à des résultats quotidiens, ce qui constitue une grave dérive. Chaque jour il faut ramener de la « viande » pour honorer le quota qui a été fixé.

L'inconvénient majeur de cette politique, satisfaisante dans l'instant pour les chiffres, c'est qu'elle induit un choix pernicieux dans les missions qui à terme ne traitent pas le fond et la réalité de la délinquance. Mais les faits sont têtus. La délinquance qui n'est pas traitée ne fait que croître et embellir. Et un jour, croyez-moi, elle va nous « péter à la gueule ».

Malgré les présentations adroites des statistiques, on peut constater, hélas, l'augmentation impressionnante des violences, aux personnes en particulier. (À Toulouse aujourd'hui, par exemple, depuis la fin de la police de proximité dans les quartiers, le nombre de véhicules brûlés a été multiplié par cinq.)

On peut aussi améliorer les statistiques en se tournant vers la vache à lait naturelle, l'automobiliste, en mettant en place de grandes opérations médiatiques de contrôles routiers divers, en ville, au bord des routes, parfois même en présence du préfet. Ou pire encore ! On peut mettre un dispositif de contrôle autour des cités difficiles, vers 7 heures du matin ou à partir de 17 heures, et là, on fait un carton sur les gens des cités, les rares, hélas, qui ont du travail et qui subissent par ailleurs tous les inconvénients de leur lieu de vie. Le plus souvent, leurs voitures sont en moins bon état que la moyenne, pour des raisons financières évidentes. Personnellement, j'avais interdit ce genre de pratiques injustes qui retournaient contre nous des citoyens qui n'étaient pas a priori hostiles la police, et alimentaient le sentiment d'injustice dans les quartiers.

Le journal *Aujourd'hui en France* dénonce, dans un article du 19 mars 2010, la découverte d'un document interne à la préfecture de police de Paris qui atteste que les fonctionnaires doivent dresser un nombre précis de contraventions sur certains types d'infractions. Dans cet article, un policier interrogé déclare :

« On doit atteindre des objectifs fixés par des chefs de service. On devient des machines sans discernement. En travaillant de la sorte, notre image auprès de l'opinion publique est entamée. »

Le secrétaire national adjoint du syndicat Alliance police nationale, Fabien Modicom, déclare lui-même :

« Notre rôle est notamment de constater des infractions et de réprimer en conséquence, mais il ne faut pas obéir à une logique de chiffre. C'est une dérive perverse. »

Dans son rapport 2010, la Cour des comptes souligne « la croissance considérable du nombre des amendes engorgeant les circuits et les procédures judiciaires ». Et de conclure : « Le manque de transparence contribue à alimenter la confusion et toutes les suspicions. C'est là un dysfonctionnement important qui pose un réel problème de transparence et de justice entre les citoyens. »

En faisant le tour des opinions syndicales, on peut constater qu'elles convergent toutes. Didier Martinez, secrétaire régional adjoint du syndicat Unité police (premier syndicat de police), revient sur les quotas imposés aux policiers lors d'une interview[1] à *La Dépêche* – qui titrait très justement : « À Toulouse aussi, la prévention n'existe plus » –, dénonçant « une pratique qui va crescendo » :

« Les quotas existent quasiment pour tous les services. Cela fait longtemps que nous les dénonçons (…) Mais il existe aussi des quotas en matière d'interpellations et, là, c'est plus gênant,

1. 20 mars 2010. Intégralité de l'article sur www.ladepeche.fr.

car il faut orienter les BAC pour qu'ils arrêtent des petits dealers. Ce qui se fait au détriment de grosses affaires qu'il faudrait mener en matière de délinquance. C'est une réorientation regrettable. »

Il précise encore :

« Il faut toujours faire plus d'une année sur l'autre. (...) Cela a des conséquences sur notre travail. Pour les verbalisations, cela se fait au détriment d'autres affaires. Quand, par exemple, les policiers sont sur les routes, ils ne font pas de rondes dans les quartiers et délaissent la proximité avec les habitants ! »

Lorsque la journaliste lui demande quelles sont les conséquences en interne, il répond :

« L'image du policier change. Nous sommes là pour aider et en réalité, nous sommes de plus en plus dans la répression. Non seulement les concitoyens le constatent mais le policier lui-même le vit mal. »

Avec ces quotas, nos collègues ont des états d'âme, ce qui n'est pas bon non plus pour notre activité au quotidien.

Les policiers étouffés et bridés dans leur action par la culture du résultat se rebiffent. Ils n'en peuvent plus d'encourager les plaignants à faire une main courante plutôt qu'un dépôt de plainte… histoire de préserver les statistiques.

Les syndicats, dans leur grande majorité – sauf ceux qui sont devenus des courroies privilégiées du pouvoir –, dénoncent et combattent cette dérive. Ils savent qu'à force de cibler des objectifs rentables au plan statistique, on oublie les missions de fond essentielles, celles qui n'ont pas de résultat immédiat mais qui ont un impact réel et efficace sur la délinquance.

Privilégier une police d'ordre au service de l'État creuse plus profondément ce fossé entre la population et la police. Les policiers le vivent très mal car ils ont le sentiment que leur travail est mal compris, dévoyé, qu'ils deviennent les marionnettes de politiques sans pitié préoccupés uniquement de soigner leur image de marque. Ils en ont assez d'être instrumentalisés, livrés à la vindicte populaire – trop durs, trop mous, inefficaces, qu'il faut remettre enfin au « boulot » à l'arrivée de chaque nouveau ministre –, marre d'être soupçonnés par la justice de ne pas être assez légalistes, par les avocats de se livrer à des violences ou des abus et d'être pour la population un objet de crainte.

Dans *La Tribune du commissaire de police* (organe du syndicat des commissaires de la police nationale), l'avocat général à la cour d'appel de Paris Philippe Bilger écrit une chose étonnante pour un magistrat, un article où il se pose la question suivante : « Si j'étais policier. »

« Si j'étais policier… J'en aurais assez. Je serais fatigué. Lassé d'entendre sans cesse les mêmes accusations, les mêmes récriminations, les mêmes injustices.

« Je n'en pourrais plus d'être écartelé chaque jour entre le besoin qu'on a de moi, de l'ordre et de l'autorité que je représente et l'hostilité qu'on éprouve à l'égard de la police et de la contrainte nécessaire qu'elle doit exercer. On me veut ou on me déteste ? »

Il conclut cet étonnant plaidoyer pour la défense du policier en écrivant :

« La fonction de policier est une charge, un honneur, parfois une souffrance. Auxiliaire de tranquillité publique et de démocratie, comme les magistrats et les avocats sont auxiliaires de justice. Rien de plus, rien de moins [2]. »

---

2. Intégralité de l'article sur www.philippebilger.com.

J'aime bien cette expression d'« auxiliaire de tranquillité publique » qui souligne la véritable nature du policier, qui ne doit pas devenir un auxiliaire de la réélection de nos dirigeants.

Sylvie Feucher, secrétaire générale du Syndicat des commissaires de police, est l'auteur d'un éditorial dans *La Tribune du commissaire* traduisant l'inquiétude des policiers, y compris des commissaires :

« Il est des périodes où l'on est en droit de se demander pourquoi on a fait le choix de défendre la veuve et l'orphelin. (...) Seule certitude, il s'agit d'un métier au service des autres, cela personne ne peut nous l'enlever. C'est l'essence même de l'engagement de nombre d'entre nous.

« Le constat est alarmant : contestation de l'autorité, dictature médiatique, zapping sécuritaire, empilement législatif, injonctions contradictoires ! Les policiers aujourd'hui s'interrogent au quotidien sur le sens à donner à leur métier. »

Ce constat sévère souligne le désarroi des policiers qui ne savent plus quelle est leur mission, si le combat contre la délinquance est une priorité ou non, comment le mener, pour qui, avec quels moyens matériels et juridiques.

Les policiers vivent très mal cette image qu'on leur colle :

« Les policiers, on ne les voit plus beaucoup. Ils passent le matin à 8 heures, quand tout le monde dort. Et puis, après, je ne sais pas où ils sont. On aimerait les voir à pied dans le quartier mais ils préfèrent ne pas faire de vagues. » (*Marianne*, 16 mars 2010.)

Bien qu'ils n'y soient pour rien, on leur reproche aussi l'abandon de la police de proximité :

« Avant, la police venait à pied, ils discutaient avec nous. C'était mieux ! »

Ce discours négatif et permanent épuise les fonctionnaires. Police absente et inefficace, police pesante et inutile… ils entendent cela partout. Comment se défendre de cette image que leur renvoient les citoyens ?

Des journalistes de *Marianne* (dont Frédéric Ploquin, fin connaisseur des problèmes policiers) font le constat suivant :

« Des infractions routières au trafic d'armes, de la garde à vue à la police des marchés, les objectifs policiers semblent évidents. Mais la mise en œuvre est de plus en plus décevante, incompréhensible, irrationnelle parfois. La police paraît à côté de la plaque, de plus en plus coupée de la société, sans que les citoyens sachent si cette coupure est volontaire ou non. »

Cette opinion est confirmée par un sondage BVA qui fait état en 2009 d'un taux de satisfaction de 39 % pour la police. C'est un des services publics les plus mal notés. Dans un sondage CSA datant de 2007, 78 % des Français déclaraient avoir confiance dans la police. En 2010, ils n'étaient plus que 49 %.

Nos concitoyens sont inquiets de l'insécurité, mais ils se posent aussi des questions sur le rôle et l'efficacité de la police.

L'absence ou l'insuffisance de la présence policière a toujours posé problème, mais, aujourd'hui, nos concitoyens finissent par ne plus comprendre le comportement de la police et ils s'interrogent sur ses priorités.

Dans un rapport de 2009 de la Cour des comptes, Philippe Séguin – qui ne maniait pas la langue de bois – affirmait :

« Plus que le nombre de policiers, c'est bien la manière d'affecter, de gérer et d'organiser les missions des policiers qui est aujourd'hui déterminante. »

Un article bien documenté de *Marianne* (16 mars 2010) fait état de la « nostalgie du rappeur Rost », président de l'association Banlieues Actives, qui déclare :

« Ce qui était bien avec la police de proximité, c'est qu'on faisait attention à ne pas faire de conneries dans le quartier : ils nous connaissaient, connaissaient nos parents, nous disaient bonjour… et on les respectait. Il n'y avait pas d'hostilité. »

À propos des jeunes – que la police poursuit dans les quartiers pour les interpeller pour des motifs divers, souvent liés au non-port du casque –, Sébastien Roché, directeur de recherches au CNRS, affirme qu'« il vaut mieux ne pas interpeller les jeunes qu'avoir des morts et une émeute ». Il rappelle qu'on avait la solution :

« Si on avait une police de proximité capable de reconnaître les jeunes sur les deux-roues, on n'aurait pas besoin de leur courir après, les policiers sauraient où les trouver et pourraient les verbaliser[3]. »

3. Intégralité de l'article sur www.francesoir.fr.

Tous ces arguments venant d'horizons divers, les proximiers de Toulouse pourraient les développer, les attester… et les policiers regretter que cela ne soit plus.

Sans prononcer le mot tabou de « proximité », le gouvernement a essayé timidement – sous la pression de l'évidence – de resserrer les liens entre la police et la population. Mais c'était sous la forme « tango » – un pas en avant, un pas en arrière, caché derrière un éventail et sur la pointe des pieds. Que ce soit la rencontre entre police et population de Michèle Alliot-Marie, ou ses Uteq (Unités territoriales de quartier, dont la création est gelée aujourd'hui) et la « Tranquillité seniors » de Brice Hortefeux, rien ne permet à la police de se positionner.

On continue dans l'intervention, la répression, et surtout dans la police de réaction liée à l'événementiel et pas dans le travail en profondeur.

Un commandant du Val-d'Oise dénonce à la presse des accusations injustes et de plus en plus mal vécues. Parlant du pouvoir en général, il dit :

« Ils ont laissé le flicard se faire accuser alors que si les gardes à vue ont explosé, les trois pouvoirs sont responsables : le législatif les a multipliées, la Cour de cassation en a imposé encore plus, tout comme l'exécutif, notamment en matière d'alcoolémie. Et c'est le parquet, censé les contrôler, qui nous les laisse sur les bras. Cette hypocrisie est écœurante. » (*Marianne*, 16 mars 2010.)

J'ai connu une époque où la garde à vue était une décision très importante et relativement exceptionnelle. Seul un inspecteur principal ou divisionnaire (ou bien un commissaire) pouvait prononcer cette mesure.

Le grade d'inspecteur principal sous-entendait au moins quatre années de service comme simple inspecteur et s'obtenait après un examen qui conférait alors la qualité d'officier de police judiciaire. La mise en garde à vue était un acte solennel et dont chacun mesurait l'importance.

Diverses réformes ont banalisé la fonction d'officier de police judiciaire et la volonté gouvernementale a fait le reste en provoquant une flambée des gardes à vue, qui sont curieusement devenues un indice du bon fonctionnement de la police.

En fait, cette course à la garde à vue est encore une conséquence de la politique du chiffre qui conduit à une dérive dangereuse pour nos concitoyens, ainsi que pour la police – contribuant au passage à ruiner davantage son image.

Alors que faut-il faire ? Prendre toutes les plaintes, faire du vrai travail de police et accepter que la délinquance enregistrée augmente en même temps que le taux de satisfaction de la population et que la vraie délinquance soit combattue efficacement… ou continuer dans l'impasse actuelle ?

Rendons enfin au policier sa dignité et sa raison d'être.

Les policiers ne sont pas les seuls à faire ce constat. Chez les gendarmes, la grogne se fait également sentir.

« La Grande Muette », qui n'a pas de syndicat et qui est tenue par une stricte obligation de réserve, s'exprime de plus en plus par des voies détournées. Retraités, épouses de gendarmes, sites Internet expriment leurs inquiétudes et leur désarroi.

Il est vrai que la terreur imposée par le cas du chef d'escadron Jean-Hugues Matelly, radié des cadres le 25 mars 2010 par décret du président de la République, n'incite pas à la libre expression. Il avait osé critiquer le rapprochement entre la police et la gendarmerie.

Le commandant Matelly s'est déclaré « surpris et atterré par la gravité de la sanction », au regard des faits qui lui étaient reprochés.

De plus, cet officier expliquait s'être exprimé comme chercheur associé au CNRS. La sanction, proposée par un conseil d'enquête de la gendarmerie, a été validée en dernier ressort par le président de la République. Elle est rarissime et disproportionnée. Les officiers de gendarmerie condamnés au pénal dans l'affaire des paillotes corses n'ont pas fait l'objet de sanctions disciplinaires. Cette manière péremptoire de traiter cette affaire illustre encore une fois le peu de considération accordée à un serviteur de l'État.

Comme dans la police, beaucoup de gendarmes protestent et revendiquent d'abord des moyens pour travailler mieux, s'inquiétant du service de plus en plus réduit qu'ils rendent à la population. Ils se plaignent de l'abandon de la proximité, l'ancrage dans la population étant le cœur de leur métier. Le gendarme, qui faisait partie intégrante du paysage rural et qui était un notable local, est remplacé à partir d'une certaine heure par un interphone, au grand dam de la population.

Le sociologue Laurent Mucchielli pense que les gendarmes ne sont pas révoltés, « mais plutôt désabusés, souvent résignés, parfois très amers ». (*L'Express*, 8 avril 2010.)

Il souligne les problèmes cruciaux qui se posent aujourd'hui à la gendarmerie, comme la perte importante d'effectifs due à la politique du gouvernement depuis 2007 ou le projet de création des « polices d'agglomération » qui devrait entraîner la fermeture de centaines de brigades de gendarmerie et la fusion police-gendarmerie. Il considère ces réformes imposées sans concertation comme une véritable atteinte à la « fierté » des gendarmes.

Tout cela, bien sûr, se fait au détriment des fonctionnaires, mais aussi et essentiellement aux dépens de la population pour laquelle la gendarmerie, comme la police d'ailleurs, doit exister et travailler.

7

Après trente-cinq ans de police et cinq ans de marine, je voyais approcher la retraite avec regret car je savais qu'il y avait encore beaucoup de combats à mener et que la police était sur une mauvaise pente.

Je m'étais beaucoup battu pour la cause policière en tant que syndicaliste, conseiller du ministre de l'Intérieur puis directeur départemental, et enfin en tant que flic. Et là, j'allais me retrouver sur la touche.

Je n'avais pas le choix. La date de mon départ à la retraite était impérative, à 60 ans, le 2 décembre 2007, jour de mon anniversaire.

Il n'y avait que trois cas pour faire du rab : avoir trois enfants (j'en ai deux), avoir un enfant en bas âge (à ma connaissance, ce n'est pas le cas), ou ne pas être en possession de toutes ses annuités.

Pour ne pas rester inactif, j'avais décidé de monter une SARL qui me permettrait de faire du consulting en matière de sécurité.

À cette occasion, j'ai découvert les difficultés et les affres des entrepreneurs. Créer une entreprise, même extrêmement modeste, est un véritable chemin de croix. Il faut payer sans cesse à des organismes qui surgissent sur votre route comme des diables d'une boîte, sans qu'on sache toujours si cela est vraiment justifié. En tout cas, c'est très compliqué. J'ai d'ailleurs connu les mêmes difficultés pour mettre fin à cette entreprise. Le chemin de croix recommençait à l'envers, et à chaque station, il fallait payer. J'ai trouvé cette expérience désagréable et peu motivante. Il faut une détermination sans faille et beaucoup d'argent pour réussir ce genre d'épreuve.

Ma boîte était à peine opérationnelle que Pierre Cohen, candidat aux municipales à Toulouse, me contacte et me demande de passer le voir à sa permanence. Pierre était un des élus locaux qui m'avait envoyé, en tant que député, un télégramme de soutien après « l'exécution » sarkozyenne du Mirail, ce qui m'avait beaucoup touché.

Après avoir confronté nos positions, en particulier sur la sécurité, il me proposa d'intégrer la liste de rassemblement de gauche qu'il menait.

Je n'ai pas hésité une seconde. Le combat qui se profilait allait être dur. La droite était à la tête de la mairie de Toulouse depuis trente-sept ans. Ce n'était pas gagné.

J'intégrai la liste comme membre de la société civile – en accord avec mes principes déontologiques, je ne suis pas encarté, je n'avais qu'une carte, celle de la police. Ma proximité avec la gauche et les combats que j'avais menés tout au long de ma carrière, souvent à mes dépens, m'ont servi (il me semble) de passeport crédible aux yeux de mes colistiers.

Une fois de plus, je découvrais un nouveau monde, et comme à mon habitude, lorsque je prends de nouvelles fonctions, je fais l'éponge. C'est-à-dire que je passe beaucoup de temps à écouter, à essayer de décrypter le monde nouveau qui s'ouvre à moi. Il faut comprendre les mœurs, les codes, les enjeux de ces militants qui souvent et depuis longtemps sont dans le combat politique.

J'entrais en campagne politique pour la première fois.

Mes enfants et mes amis, moqueurs, s'amusaient de me voir distribuer des tracts dans la rue ou à la sortie du métro. Il fallait pourtant que je « dépouille le vieil homme » et que j'endosse une nouvelle peau à laquelle mon parcours professionnel ne m'avait pas du tout préparé. C'est vrai qu'au début, cette nouvelle activité se heurtait de plein fouet avec ma culture de l'obligation de réserve. J'avais encore parfois l'impression d'être en faute.

Mais grâce à l'action et à l'entourage, j'ai rapidement évacué ce « handicap » et je me suis installé très rapidement dans mon nouveau rôle.

J'ai été très sollicité par les journalistes, intrigués par mon entrée en politique. Officiellement retraité le 2 décembre, j'étais invité dès le lendemain matin par des radios et des télés qui voyaient revenir sous l'impulsion de Michèle Alliot-Marie, ministre de l'Intérieur, une espèce de police de proximité sous la forme des Uteq.

Ce retour (même honteux), qui me donnait raison, était un peu considéré, de la part de la nouvelle ministre, comme une provocation et un pied de nez à Sarkozy. Je sais que cet engouement médiatique pendant la campagne nous a bien servis, coupant l'herbe sous le pied à nos opposants qui avaient enfourché le vieux cheval de bataille de la sécurité.

Ma crainte était que cette focalisation sur ma personne soit mal vécue par mes colistiers, pour la plupart « vieux routiers » de la politique. Mais je pense que cela n'a pas été le cas.

J'ai découvert de l'intérieur ce qu'était une campagne électorale, l'enthousiasme, l'euphorie, les périodes de doutes, les coups bas de l'adversaire, la mauvaise foi, le militantisme.

Je n'ai pas eu le temps de me sentir à la retraite. Je suis passé d'un métier à un autre sans sas de décompression.

La soirée électorale du second tour a été longue. Je l'ai vécue dans un bureau de vote qui nous était assez défavorable et le dépouillement a été une épreuve pour les nerfs.

Et puis, en fin de soirée, les résultats sont tombés. On avait gagné ! Après trente-sept ans passés à droite, la mairie de Toulouse basculait à gauche.

C'est un grand bonheur. Je sais que pour moi le combat continue. Je vais pouvoir mettre tous mes acquis au service des Toulousains et essayer de faire évoluer une opinion à qui, en matière de sécurité, on a présenté comme une panacée de mauvaises solutions ou des solutions bâclées.

Je sais que ce sera difficile et au début certainement impopulaire, parce que le « clou rouillé » a été enfoncé pendant longtemps et avec force.

Je ne dirais pas que les chants désespérés sont les chants les plus beaux, mais plutôt que les combats difficiles sont souvent les plus efficaces.

Ce soir de victoire – partagé avec beaucoup de gens – reste un grand souvenir, une grande joie, teintée d'un peu d'incrédulité et atténuée par un fort sentiment de responsabilité.

Les journalistes se sont rués sur moi :

« Quelle vengeance pour vous ! Quelle revanche sur Sarkozy ! »

Par nature, je n'ai pas le goût de la vengeance. Celui de la revanche peut-être un peu, mais surtout, je vais pouvoir continuer à défendre mes idées et à protéger les Toulousains contre les dérives actuelles.

J'ai trouvé une formule, reprise par les journalistes, qui résumait bien mon état d'esprit :

« Viré par un homme, réhabilité par le peuple, c'est ce qui pouvait m'arriver de mieux ! »

Une semaine plus tard, je m'installais au Capitole dans un nouveau bureau. Adjoint au maire chargé de la prévention et de la sécurité, de la sécurité civile et des risques majeurs.

Après l'élection, j'ai entamé des démarches pour mettre fin à ma « petite entreprise » et ceci pour deux raisons majeures. D'abord, je voulais me consacrer entièrement à mon nouveau job et je trouvais que l'exercice du consulting pouvait poser des problèmes de déontologie. Je ne voulais pas que mes fonctions municipales entrent en conflit avec mes intérêts privés.

Bien m'en a pris, car au niveau de l'emploi du temps, je suis déjà au taquet.

J'ai ressenti à peu près les mêmes sensations qu'à mon arrivée au cabinet de Chevènement. Je débutais dans un nouveau métier, sans transition ni formation particulière.

Heureusement, mes précédentes fonctions et mon expérience passée m'avaient préparé à ce défi et je n'ai pas ressenti de difficulté d'adaptation. J'ai ceint mon écharpe tricolore avec une certaine aisance et beaucoup de plaisir.

Avec Pierre Cohen, homme de conviction, scientifique, chercheur, c'est comme avec Chevènement. La route est tracée, la mission est claire, on n'a pas besoin de se parler beaucoup pour se comprendre, je sais ce qu'il veut et ce que je dois faire. Et ça, j'aime.

Certaines missions sont vraiment nouvelles, comme les mariages, par exemple. Jamais je n'aurais pensé qu'un jour je serais amené à marier des gens !

Quand je suis dans la rue, je suis souvent interpellé par les Toulousains. (Ma chevelure blanche est, paraît-il, reconnaissable de loin.) Et le discours qu'on me tient, je le connais depuis longtemps : la sécurité, c'est trop, c'est pas assez, etc. Quand quelqu'un vient vous dire que ça va bien ou au moins que ça va mieux, on a envie de faire un bout de chemin avec lui. Mais c'est si rare…

Mais le flic, tout comme l'élu, est là pour ça, pour écouter la population, essayer en permanence de faire le grand écart entre des demandes antinomiques, totalement opposées et incompatibles. Il faut bien faire avec. En revanche, ce que je trouve plus gênant, c'est cette confusion entre les pouvoirs du maire et ceux du préfet, ce déséquilibre entre la responsabilité totale de l'État en matière de sécurité et celle, restreinte, du maire dans le même domaine.

Cette confusion est positive dans la mesure où elle montre l'attachement de nos concitoyens à la fonction de maire. Le maire est certainement le magistrat préféré des Français, celui qui les représente le mieux, qui est le plus proche d'eux, le plus crédible.

Cette confusion est en même temps négative car elle permet souvent à l'État de se dédouaner et de ne pas assumer ses responsabilités. Il est curieux de voir l'opposition UMP – qui n'a cessé de répéter que l'État était responsable et garant de la sécurité – inciter les Toulousains à se tourner vers la municipalité pour résoudre ces problèmes qui incombent au gouvernement, allant jusqu'à organiser des manifestations se déroulant « curieusement » devant la mairie.

Un mois et demi après notre victoire, l'ancien maire entamait une campagne de dénigrement auprès de la presse et des Toulousains, affirmant que l'insécurité s'était aggravée à cause du laxisme de la gauche.

Les Toulousains, de nature peu enclins à la naïveté, n'ont pas mordu à l'hameçon. Cette attaque pour le moins prématurée n'a d'autant pas été prise au sérieux que les responsables de la sécurité au gouvernement sont toujours des amis de l'ancien maire.

Aux prochaines élections, on sent bien que la sécurité sera encore un enjeu majeur, tant au plan national que local. Hélas, un élu local n'a que des moyens très limités pour œuvrer en matière de sécurité, en tout cas pour ce qui est du répressif. Aussi doit-il mettre en œuvre une politique globale déclinant toutes les possibilités en matière de prévention. C'est pourquoi je m'efforce de renvoyer chacun vers ses responsabilités et de lutter contre les tentatives constantes de l'État de se défausser de ses obligations. La police municipale a un rôle à jouer, mais elle ne sera efficace que si la police nationale remplit le sien pleinement. Être complémentaire, c'est la solution. Être concurrent, c'est du gâchis.

Lors de notre arrivée à la mairie, la confusion était totale. Nombre de missions avaient glissé vers la police municipale. Symbole de cette incroyable dérive, les policiers municipaux venaient d'être équipés de casques et de jambières de maintien de l'ordre ! On les avait transformés en ersatz de CRS. Là, on avait vraiment touché le fond.

De plus, la police municipale ne s'occupait quasiment que du centre-ville – la zone autour du Capitole – et délaissait une grande partie du territoire toulousain.

Il était temps de réagir et les réformes à réaliser d'urgence n'allaient pas être faciles à mettre en place.

Dès notre arrivée, il a donc fallu revoir la fonction et l'organisation de la police municipale, l'objectif étant d'en faire une police territoriale ayant sa propre existence et entièrement au service des Toulousains.

La dérive due au désengagement de l'État a fait de cette police un « sous-produit » de la police nationale, un supplétif commode et gratuit.

L'état d'esprit général des policiers municipaux, et pas seulement à Toulouse, est assez marqué par ce constat. Beaucoup ont cru – y compris certains syndicats – que leur salut était dans le mimétisme, la copie de la police nationale : plus ils ressemblent à leurs collègues nationaux, plus ils croient gagner en crédibilité. Ils ont combattu pour avoir les mêmes uniformes, les mêmes voitures, les mêmes gyrophares et certains ont même inscrit « POLICE » en gros caractères et « municipale » en lettres minuscules.

Peu à peu, ils se sont éloignés de leur mission d'origine pour se tourner vers un modèle qui n'est pas le leur.

Le salut de la police municipale, son évolution et sa valorisation passent par la recherche d'une identité propre, d'une fierté d'appartenir à ce corps. Il faut créer une véritable police territoriale avec des méthodes et des missions spécifiques identifiables par les habitants, qui sauront alors que cette police-là est leur police, qu'elle est à leur service et capable de remplir un certain nombre de missions dans leur intérêt.

J'ai beaucoup discuté avec les syndicats de la police municipale. Ils partagent pour la plupart cette opinion et souhaiteraient se diriger dans cette voie. Bien sûr, au sein de ce corps, il reste quelques extrémistes, très marqués politiquement, qui ne rêvent que d'armes de gros calibre, de Ray-Ban, de gyrophares, de voitures énormes et d'une police à l'américaine.

La police municipale a beaucoup souffert de son image, celle d'une organisation composée de gens recrutés comme colleurs d'affiches du maire, comme garde prétorienne au service d'un homme et d'un parti.

L'évolution du statut, la formation et un recrutement plus sérieux ont permis d'atténuer cette image désastreuse, et en réalité, le niveau a nettement augmenté.

À Toulouse, les municipaux ont vu arriver la gauche avec une certaine inquiétude et l'ancien flic de la police nationale que je suis avec un mélange de peur et d'espoir. Il faut dire qu'on les avait bien conditionnés.

Mais contrairement à ce que prédisaient les adeptes du « surplace », et après de longues discussions avec les syndicats, le message est bien passé et une majorité de fonctionnaires a adhéré à cette politique que nous avions présentée dans notre programme électoral : construire une police municipale au service des Toulousains afin d'améliorer leur quotidien et garantir leur tranquillité ainsi que leur sécurité avec la collaboration de la police nationale.

La première idée est de couvrir totalement le territoire de la commune et de ne pas uniquement réserver ce service au centre-ville. Pour cela, nous avons découpé la ville en six secteurs égaux d'environ 75 000 habitants chacun.

Dans chaque secteur, nous avons affecté des policiers attachés à un quartier défini, toujours les mêmes, pour qu'ils s'approprient leur territoire ainsi que la population qui y réside. Les habitants doivent considérer ces policiers-là comme les leurs, à leur service, soucieux de résoudre leurs problèmes.

Il fallait aussi, pour que ces policiers de proximité soient efficaces, qu'ils soient des volontaires. Les esprits chagrins pensaient qu'il serait impossible d'en trouver. Ça n'a pas été le cas. Le volontariat a été suffisant pour affecter douze policiers municipaux par secteur – vingt pour le secteur du centre-ville, qui a des contraintes particulières.

Le reste de la troupe a été affecté au service général, ce qui permet de faire face aux multiples missions qui ne relèvent pas de la proximité : les services d'ordre sur les manifestations diverses, les mises en fourrière, etc.

La police municipale de Toulouse compte environ 200 personnes dont 170 sur le terrain. La police nationale de Toulouse en compte 1 700. Ce rapport de 1 à 10 montre bien que les capacités d'intervention des deux forces ne sont pas les mêmes et remettent un peu les choses en perspective.

Chaque policier de secteur a été doté d'une carte de visite avec un numéro de portable. Ces cartes distribuées lors des patrouilles resserrent les liens avec les habitants du secteur et personnalisent les relations. On n'appelle pas n'importe quel policier anonyme, on appelle « son » policier de secteur, le plus compétent pour répondre efficacement à la demande.

Toujours dans l'idée d'améliorer le contact, nous avons doté chaque secteur d'un « poste mobile de proximité ». Il s'agit d'un véhicule aménagé à l'arrière avec des sièges et des tablettes, permettant de recevoir du public et de noter les demandes. Ce véhicule doit, à l'initiative du chef de secteur, se positionner en fonction des besoins et en divers points du territoire concerné.

Ces différents moyens doivent permettre à la police et à la population de « s'apprivoiser » peu à peu mutuellement et d'améliorer l'efficacité préventive et répressive. On sent, à travers le discours des associations, le courrier, et par divers retours, que la mayonnaise prend et que la confiance commence à se gagner.

Une fois cette police mise en place, il fallait compléter les dispositifs en créant un organisme qui correspondait à un vrai besoin : l'Office de la tranquillité.

Tout au long de ma carrière, j'ai constaté qu'après 17 heures nos concitoyens se retrouvaient seuls, sans véritable recours ou contact, mis à part les services d'urgence.

Tous les services administratifs ou officiels sont fermés, ce qui génère une grande solitude, une impression d'abandon très mal vécue par une grande partie de la population, entretenant du même coup ce fameux sentiment d'insécurité.

Dans de nombreux services où j'ai exercé, j'ai essayé de résoudre le problème du 17 (police secours), complètement saturé à partir de certaines heures et hélas souvent inaccessible pour les vraies urgences, ce qui ajoutait encore au sentiment d'abandon de la population.

Le 17 était assailli d'appels sans caractère d'urgence ou qui ne lui étaient pas destinés.

Le problème était d'ailleurs le même pour le 18 des pompiers et le 15 du Samu, qui avaient beaucoup de mal à rester disponibles pour les urgences majeures, ce qui finissait par constituer un vrai danger pour les victimes.

Ce constat nous a conduits à créer un service doté d'un standard ouvert 24 heures sur 24 et 7 jours sur 7 pouvant répondre à toutes les demandes.

L'idée est de casser cette sensation d'abandon en répondant à toutes les urgences, quel que soit le jour ou l'heure, puis de traiter le problème au fond si besoin est, en tentant de trouver une solution pour le demandeur.

L'Office de la tranquillité, qui propose donc en continu soutien et orientation aux habitants – sans se substituer aux services d'urgence ni aux services d'écoute type SOS Amitié –, doit répondre aux problèmes concrets qui conditionnent pour une bonne part la qualité de vie des Toulousains. Il doit permettre une continuité des services, rompre l'isolement, tranquilliser, combattre le sentiment d'insécurité, recréer le lien entre les citoyens et leurs services publics, réinstaurer le dialogue dans les rapports de voisinage, améliorer l'environnement et la vie quotidienne dans la cité.

Au vu de mon expérience, il m'est apparu très important de ne créer ni un gadget, ni une usine à gaz. Il fallait une organisation simple, souple, et qui puisse évoluer en fonction de ce que nous allions découvrir.

Pour que notre office soit plus efficace, nous avons passé des conventions avec différents services, ceux de la mairie, bien sûr, mais aussi avec des services extérieurs comme la police nationale, les pompiers, le Samu, les services sociaux, le Savim (Service d'aide aux victimes) et tous ceux qui peuvent contribuer à apporter une aide à nos concitoyens.

Au fur et à mesure des besoins exprimés, la liste de nos correspondants s'allonge ; nous pouvons ainsi affiner et améliorer la réponse à donner.

Il faut aussi que cet organisme devienne un véritable observatoire de la vie de la cité permettant à l'équipe municipale d'avoir une idée précise et concrète des problèmes qui se posent aux habitants au quotidien, afin de les résoudre au mieux, au plus près de la réalité.

Ce travail pourra s'effectuer en liaison avec la cellule de veille du CLSPD (Conseil local sécurité prévention de la délinquance) et en s'appuyant sur les conseils de quartier. Par le biais de leurs appels, les habitants peuvent aussi agir sur le quotidien et améliorer ainsi leur cadre de vie. Cette masse de renseignements et cette mise en réseau des ressources permettent de traiter les problèmes au cœur par une véritable coproduction, ce qui évite de répondre à chaque fois par la répression, méthode qui jusque-là a échoué.

Néanmoins, certains types de problèmes seront transmis à des services répressifs qui appliqueront les mesures nécessaires quand le besoin s'en fera sentir.

Cet Office de la tranquillité existe à Toulouse depuis le 5 octobre 2009. Durant les sept premiers mois, on avait déjà dénombré 100 000 appels, ce qui démontre la réalité du besoin.

Au cours de ces premiers mois d'existence, nous avons pu constater que la majorité des appels, en dehors des demandes techniques (enlèvement des encombrants, problèmes de voirie, tags), avaient pour objet la vie en commun dans la cité, en particulier le bruit. Bruits extérieurs souvent dus à la vie festive de Toulouse, bruits de voisinage, de travaux, bref tout ce qui est inhérent à la vie en ville. Entre les mauvais comportements et un seuil de tolérance de plus en plus bas, les plaintes sont nombreuses. Les nuisances sonores sont trop souvent considérées comme mineures et anodines. Pourtant, nos concitoyens les vivent de plus en plus comme une véritable agression (pouvant dégénérer) et qui doit être traitée comme telle. Elles remontent directement à l'Office qui doit mettre de l'huile dans les rouages d'une communauté peu encline à la tolérance.

En attendant la mise en place des médiateurs (en cours de recrutement), la police municipale est très sollicitée pour ce type d'intervention et malheureusement, à ce jour, la police nationale rechigne à intervenir pour ces problèmes-là.

Ces créations vont être complétées par une renégociation de la convention entre la police nationale et la police municipale, ce qui permettra d'améliorer la complémentarité entre les deux forces et d'éviter les doublons ou la concurrence.

Aujourd'hui, la police municipale travaille encore jusqu'à 3 heures du matin. Nous avons constaté, en particulier à partir de minuit, que les missions de la police municipale empiétaient largement sur celles de la police nationale et que, parfois, la confusion était totale.

L'idée, difficile à faire passer, est d'arrêter l'action de la police municipale à minuit, de renforcer son action dans la journée et de permettre ainsi à la police nationale de se concentrer sur ses véritables missions, en particulier la nuit.

Cela n'aboutira pas, comme le prétendent certains, à moins de sécurité ou à moins de police, mais à plus de sécurité parce que mieux de police.

On ne peut pas dire que le préfet soit enthousiaste à cette idée qui l'oblige effectivement et clairement, comme c'est la mission de l'État, à assumer enfin aux yeux de tous et sans confusion la sécurité de la nuit à Toulouse.

Ce désengagement de l'État que je constate et que je vis au quotidien depuis que je suis élu, j'espérais au moins qu'il ne toucherait pas ses fonctions régaliennes.

Mais des indices « graves et concordants » nous incitent à croire que tout cela n'est qu'un début, l'amorce d'une dérive volontaire où l'État, abandonnant peu à peu la sécurité publique, la confierait aux collectivités territoriales.

L'État garderait bien sûr le renseignement, le maintien de l'ordre et la police judiciaire, laissant les maires se débrouiller avec le quotidien de la délinquance.

C'est un piège mortel pour les élus en termes de responsabilité et de financement. Comment à Toulouse, par exemple, passer de 170 policiers municipaux à 1 700 sans augmenter les impôts de façon inacceptable ? Et que donnera réellement l'État ? Malgré son énormité, il ne faut pas croire que cette hypothèse soit totalement utopique et il faut rester attentif à cette tendance.

Par exemple, la Loppsi (Loi d'orientation et de programmation pour la sécurité intérieure) comporte un volet dédié aux polices municipales, l'objectif étant d'optimiser leur action. Elle prévoit d'attribuer la qualité d'agent de police judiciaire (APJ) aux directeurs de police municipale, ce qui leur donnerait des pouvoirs d'enquête et l'occasion de mieux seconder les officiers de police judiciaire de la police nationale et de la gendarmerie.

Cette qualification d'agent de police judiciaire de l'État s'inscrit dans une logique de subordination au service policier de la nation. Le policier municipal ne relèverait alors plus du maire et servirait plus le système pénal que la collectivité territoriale. Cette loi d'orientation pose la question de la doctrine d'emploi de la police municipale, de son essence même.

Virginie Malochet, sociologue à l'Institut d'aménagement et d'urbanisme d'Ile-de-France, pose justement le problème :

« La police municipale (...) doit-elle devenir une force auxiliaire de la police nationale et de la gendarmerie centrée sur les "basses" tâches de police judiciaire ? Doit-elle rester une police de tranquillité publique et de qualité de vie quotidienne dont l'utilité se mesure à l'aune des réponses apportées, aux attentes émanant de la population[1] ? »

Notre conception de la police municipale et de son rôle auprès des citoyens nous incitent à combattre vigoureusement cette « judiciarisation ».

Heureusement, la plupart des élus locaux refusent d'employer leurs effectifs comme une police nationale bis. Certaines polices municipales bien connues, comme à Nice et à Cannes, se sont totalement fourvoyées dans la confusion des genres pour des raisons politiques qui n'échappent à personne.

La plupart des policiers municipaux savent quel est leur métier et leur rôle auprès de la population, sans aucune ambiguïté.

La sociologue Virginie Malochet, qui a bien décortiqué le piège, écrit très justement :

« Les mesures proposées dans le projet de Loppsi peuvent affecter les priorités d'action, encourager un recentrage répressif de l'activité, au risque d'altérer la vocation première des polices municipales : une police de proximité, en

1. Virginie Malochet, *Les Policiers municipaux*, Presses Universitaires de France, 2007.

prise avec la localité et en phase avec la population[2]. »

Il faut donc enclencher un mouvement inverse à celui que nous indique le gouvernement. La police municipale doit progresser vers la population en restant à son service, et non vers l'État au service des statistiques.

On peut légitimement se poser la question de savoir quand une nouvelle loi va décider d'attribuer la qualité d'officier de police judiciaire aux policiers municipaux, leur permettant ainsi de prononcer des gardes à vue et de tuer définitivement l'essence même de leur vocation.

Je crois que tous ces signes, ces indices, nous indiquent le sens du combat que doivent mener les élus pour éviter ces dérives extrêmement graves pour la sécurité de nos concitoyens.

Insidieusement, la conception de la sécurité et son orientation glissent vers une répression unique et aveugle qui s'éloigne de plus en plus de la population par des voies qui semblent parfois contradictoires mais qui aboutissent au même résultat.

---

2. Virginie Malochet, *op. cit.*

L'État doit rester le responsable de la sécurité des Français. Le maire doit être le garant de la tranquillité publique et de la qualité de vie quotidienne, à l'écoute et au service de la population.

Cette fuite en avant risque de détruire encore plus le lien entre autorité et population, alors que le constat démontre que ce qui manque le plus à notre société, c'est justement le lien social.

Il faut remettre l'homme, le citoyen, au centre de nos préoccupations, ne pas oublier que toutes ces institutions de la République ont été conçues pour le servir et que toute autre orientation n'est qu'une instrumentalisation, une dérive inacceptable et dangereuse pour la démocratie.

Le désengagement de l'État a aussi pour conséquence de creuser le fossé entre les riches et les pauvres. Les collectivités riches auront les moyens d'assurer la sécurité, les pauvres ne le pourront pas. Nous allons droit vers une sécurité à deux, voire à trois vitesses.

Déjà, comme le souligne Claude Bartolone, président du Conseil général de Seine-Saint-Denis, on ressent les effets du « syndrome Manhattan » importé par Sarkozy et qui consiste à déployer des effectifs dans les centres-villes et à laisser les quartiers populaires dans le plus absolu dénuement policier.

Cet abandon de l'État et les divers « glissements » qui l'accompagnent aboutissent aussi à la multiplication des sociétés de sécurité privées. En quelques années, on a vu fleurir en France un nombre croissant de vigiles, dans les magasins et les commerces, même de petite taille, une présence qui jusque-là nous renvoyait plutôt à l'image de l'Amérique.

Une fois encore, cette nouvelle donne aggrave le problème de l'égalité devant la sécurité. Si on a les moyens d'être protégé, tant mieux, sinon… eh bien tant pis !

À travers la sécurité, on voit bien que c'est tout le problème des services publics qui se pose. La SNCF, la poste, la police… seul l'État – dans certains domaines non rentables mais qui sont le socle de l'égalité des citoyens – peut et doit assurer ces services.

Il faudra veiller aux textes régissant la sécurité privée, être attentif à leur évolution afin de prévenir d'éventuelles dérives qui, sous prétexte d'encadrer leur action, pourraient leur donner des pouvoirs dangereux pour l'équilibre de la démocratie.

La sécurité privée, même si elle est utile et voire indispensable dans de nombreux domaines, ne doit en aucun cas se substituer aux services institutionnels.

On en revient toujours au même constat : complémentarité, oui… confusion : non !

Pris en flagrant délit d'abandon de poste, l'État nous propose alors *la* solution miracle : la vidéosurveillance, rebaptisée par pudeur « vidéo-protection ».

L'État se désengage, les effectifs de policiers et de gendarmes diminuent… Qu'importe ! la solution est là. Tout cela sera réglé par la mise en place massive de caméras qui vont résoudre tous les problèmes, pallier toutes les carences et assurer une sécurité idéale !

Laurent Mucchielli, directeur de recherches au CNRS, constate qu'« au plan national la politique de "prévention" de l'État est de plus en plus vidée de sa substance par la vidéosurveillance, qui occupera 61 % du budget de la prévention de la délinquance en 2010 ». Son analyse est pertinente et réaliste :

« Lorsque la vidéosurveillance vient "plomber" un budget municipal déjà entamé par le développement de la police municipale, on devine qu'il ne reste plus grand-chose dans les caisses pour recruter des éducateurs, des animateurs socioculturels, des médiateurs, des correspondants de nuit, des surveillants de sorties d'écoles et d'autres types d'emplois de proximité permettant de renforcer un peu le lien social, d'encadrer la jeunesse avec des projets éducatifs et de maintenir le dialogue entre la population et les institutions[3]. »

On devine déjà que le choix de l'installation de la vidéo n'est pas neutre et qu'il se fera obligatoirement au détriment d'autres équipements et d'autres actions.

En effet, même si l'État apporte une partie du financement par l'intermédiaire du Fonds interministériel de prévention de la délinquance, il ne s'agit que d'un investissement initial, laissant tout le reste (l'entretien, la gestion, les équipements périphériques, le diagnostic préalable indispensable pour l'implantation des caméras) à la charge des collectivités locales. Une charge très lourde qui va durer dans le temps et grever durablement le budget d'une commune.

D'ailleurs, le même Mucchielli constate le très faible retour sur cet énorme investissement :

3. Laurent Mucchielli, « Délinquance, justice et autres questions de société », www.laurent-mucchielli.org.

« Les évaluations scientifiques réalisées dans d'autres pays montrent que l'impact durable, tant préventif que répressif de la vidéosurveillance dans l'espace public, est très faible[4]. »

De même Tanguy Le Goff, chercheur associé au Centre de recherches sociologiques sur le droit et les institutions pénales (Cesdip), signale qu'« il y a bien eu une récente tentative de l'Inspection générale de l'administration de mesurer l'efficacité de la vidéosurveillance sur la délinquance, mais qu'au regard de ses nombreuses faiblesses méthodologiques, il n'est pas possible d'accorder un quelconque crédit aux conclusions du rapport[5] ».

Une étude du Home Office en Angleterre montre que l'efficacité de la vidéosurveillance est « variable selon le type de lieux : espaces ouverts ou fermés » et précise qu'« elle n'a qu'un faible impact dans les espaces ouverts et complexes comme dans les rues, car les caméras ne dissuadent pas les délinquants de passer à l'acte dans la mesure où le risque de se faire identifier et plus encore interpeller est jugé faible et où les possibilités de fuite sont nombreuses ». Mick Neville,

4. Laurent Mucchielli, *op. cit.*

5. Tanguy Le Goff, « La vidéosurveillance est-elle une réponse efficace à la délinquance ? », www.laurent-mucchielli.org (dossier vidéosurveillance).

inspecteur en chef en charge du bureau des images, identifications et détections visuelles à la Metropolitan Police de Londres – souvent citée en exemple avec son million de caméras, chaque habitant étant filmé environ trois cents fois par jour –, déclare que « seuls 3 % des vols commis dans les rues de la capitale anglaise ont été résolus grâce à la vidéosurveillance ».

En revanche, toutes les études constatent qu'elle a une efficacité dissuasive significative dans les espaces fermés comme les parkings ou les hôpitaux. L'efficacité des caméras est variable selon le type de délits. On peut constater une légère baisse de certaines atteintes aux biens (vols à l'étalage, cambriolages, vol à la roulotte), mais aucun impact sur les violences interpersonnelles (agressions sexuelles, bagarres, coups et blessures).

L'idée que cette technologie pourrait permettre de coincer les responsables de nombreux actes de délinquance, améliorant ainsi la sécurité et le taux d'élucidation, relève du fantasme. Les études évaluatives corroborent le constat d'une faible augmentation des taux d'élucidation policiers.

Aux États-Unis, certaines grandes agglomérations ont constaté que la vidéosurveillance s'avérait moins efficace que prévue pour combattre la petite et la grande délinquance. Des villes comme Atlantic City, Miami ou Mount Vernon ont purement et simplement abandonné son usage systématique.

En France, la Ligue des droits de l'homme met en avant l'exemple de la ville de Levallois-Perret où 96 caméras ont été installées en 1993 pour un coût de 3 millions d'euros et dont l'entretien revient à 300 000 euros annuels. L'audit d'évaluation du dispositif conclut à « un coût de fonctionnement considérable au regard de la fonctionnalité de l'outil mis en place ainsi qu'[à] son inutilité totale au vu du projet initial[6] ».

Même conclusion à partir d'un rapport de la Chambre régionale des comptes sur le coût et l'impact de la vidéosurveillance dans la ville de Saint-Étienne, où Laurent Mucchielli affirme qu'elle « a probablement permis de repérer entre 1 et 2 % des crimes et délits que la police a poursuivis ».

Bref, un résultat très faible pour un budget exorbitant : un investissement de 1,7 million d'euros sur cinq ans, à quoi s'ajoutent le coût

6. Ligue des droits de l'homme, *Guide pratique de la vidéosurveillance.*

d'aménagement du centre de supervision, le coût de maintenance annuel (environ 60 000 euros) et la masse salariale des 28 agents (environ 900 000 euros).

Enfin, Tanguy Le Goff rappelle que les collectivités locales sont « fortement incitées à transférer leurs images aux services de police et de gendarmerie pour leur permettre d'intervenir immédiatement, pense-t-on à tort ».

Il souligne que « les forces de sécurité de l'État n'ont ni les moyens ni l'envie de se mobiliser sur le champ de la tranquillité publique qu'elles désinvestissent depuis plusieurs années ».[7]

On peut et on doit considérer que les caméras sont de simples outils dont on peut éventuellement se servir dans un dispositif global afin d'améliorer la qualité de vie et la sécurité de nos concitoyens. Une fois cet instrument « désidéalisé », démystifié, on pourra réfléchir sereinement à son utilisation dans des cas bien précis et justifiés.

---

7. Documentation tirée de *AISG-info*, « dépêche 397 ».

À Toulouse, notre position municipale est celle du maire, Pierre Cohen, qui est plutôt opposé au recours à la vidéosurveillance, en tout cas à la façon dont elle est présentée, c'est-à-dire comme la solution miracle.

À notre arrivée il existait dix-sept caméras sur la voie publique. Nous avons décidé pour le moment de les garder mais de ne pas en ajouter – ce qui démontre que notre position n'est pas dogmatique – et d'accorder le déport des images vers la police nationale.

Pierre Cohen est un scientifique, un chercheur. Pour sortir de ce débat irrationnel, il a décidé d'organiser une réflexion sur la vidéosurveillance où des experts en sécurité urbaine, français et étrangers, ont été auditionnés par une commission d'élus.

Les résultats de cette expertise permettront à la mairie et aux habitants, informés des conclusions, de se faire une idée plus juste de l'intérêt et des limites de ce système, qui est aujourd'hui (pour des raisons politiques) présenté comme une panacée et permettrait à l'État de transférer ses responsabilités en matière de sécurité.

La Ligue des droits de l'homme dénonce la prolifération de ce contrôle vidéo comme une atteinte irrémédiable faite aux libertés, notamment celle de circuler sans entrave ni surveillance, et comme contraire au respect de la vie privée, tout en soulignant « l'absence de contrôle des contrôleurs ». Elle ajoute que « les systèmes de vidéosurveillance participent à la course au contrôle social généralisé qui se met en place depuis quelques décennies ». Elle dénonce l'affirmation qui consiste à dire que l'on n'a pas de raison de s'y opposer si on n'a rien à se reprocher et qui oublie que toute personne est considérée comme innocente jusqu'au jour où il est établi qu'elle est coupable. Or le contrôle vidéo inverse la situation : toute personne filmée devra prouver qu'elle n'est pas en cause. Tout le monde devient fautif ou suspect.

La Ligue constate aussi, au regard des diverses expériences internationales et nationales, que c'est plus le sentiment d'insécurité que l'insécurité elle-même qui est combattu, et que le rôle de l'État, de plus en plus prégnant, peut faire craindre des dérives de type totalitaire. Certains projets qui évoquent des caméras mobiles, voire l'utilisation de drones, aggraveraient dangereusement la dérive sécuritaire. Il est à noter qu'il n'existe aucune information officielle sur le nombre de caméras en place aujourd'hui.

Les dangers pour les libertés que nous font craindre ce système et sa relative inefficacité doivent nous faire réfléchir avant d'accepter ce dispositif comme inéluctable.

Nous nous sommes aussi posé le problème de l'équipement et de l'armement de la police municipale. Mais on ne peut répondre à cette question qu'après avoir défini clairement sa mission et son utilisation.

L'idéal serait évidemment qu'elle soit identifiable au premier coup d'œil par les administrés, avec une tenue d'une couleur différente de celle de la police nationale et de la gendarmerie, et des équipements reconnaissables.

Cette idée avait fait l'objet de négociations en 1999, quand la loi avait octroyé des pouvoirs supplémentaires à la police municipale, en particulier en matière de code de la route. (J'étais au cabinet de Chevènement à ce moment-là.) Il avait été prévu, en contrepartie de ces nouveaux pouvoirs, un changement de tenue et d'équipement. Mais ce volet des pourparlers est tombé dans les oubliettes, à mon grand regret. Cet abandon est certainement dû à la volonté de certains syndicats qui ont toujours dans l'idée que plus la police municipale ressemble à la police nationale, plus elle est crédible. Au lieu de s'appuyer sur une véritable entité de police territoriale qui existerait par elle-même, qui aurait sa fonction, ses missions, son existence propre, ils continuent à tort un combat qui en réalité consiste à faire de cette force un « sous-produit » avec un nouvel emballage. Pourtant, j'ai rencontré dernièrement certains syndicats qui semblent avoir compris le sens du combat qu'ils doivent mener pour valoriser leur fonction et devenir une force nouvelle bien identifiée ayant un avenir certain.

En ce qui concerne l'armement, la police municipale toulousaine est dotée d'un armement de sixième catégorie le jour (le tonfa[8]), et de quatrième catégorie la nuit (un revolver 9 mm de 21 heures à 3 heures du matin), situation que nous avons trouvée en arrivant. Mais une fois la réorganisation terminée et les missions de la police municipale définies, la question de l'armement de nuit en quatrième catégorie sera posée.

Au-delà du problème technique et de la sécurité des fonctionnaires, c'est le contexte psychologique qui compte ici, le retrait de l'arme étant vécu par certains comme une véritable castration.

---

8. Matraque dotée d'une poignée perpendiculaire.

(Ce rapport de l'homme et de l'arme pourrait d'ailleurs faire l'objet de longs développements psychologiques et pas seulement pour la police municipale.) S'il est vrai que doter ses fonctionnaires d'une arme est une vraie responsabilité pour le maire, la retirer n'est pas moins périlleux pour des raisons évidentes. On sait que chaque incident, dans un sens ou dans l'autre, sera outrageusement exploité.

Je me suis aussi opposé à l'attribution du Taser aux policiers municipaux car cette arme, à mon sens, est « ambiguë ». On la dit non létale, mais dans certains cas elle a prouvé le contraire. Donner à un fonctionnaire ce genre d'arme sans être sûr à 100 % de sa non-létalité est lourd de responsabilité pour les policiers. En cas de pépin, c'est celui qui a tiré qui se retrouve (bien seul) devant les tribunaux. De même, c'est une grande responsabilité vis-à-vis des citoyens sur lesquels cette arme est pointée. (Cette prise de position m'a d'ailleurs valu un courrier peu amène de la direction de Taser.)

En ce qui me concerne, et si l'on tient ce cap, je suis confiant dans l'avenir des polices municipales. C'est vrai, il y a beaucoup de chemin à faire et il faut convaincre beaucoup de monde, autant en interne qu'en externe.

Mais il faut toujours revenir à l'essentiel, ne pas perdre de vue la question primordiale, celle que doit se poser toute politique sérieuse de sécurité : quelle est la meilleure solution pour améliorer réellement la vie quotidienne de nos concitoyens ?

La police municipale ne doit pas être une « variable d'ajustement » d'une politique menée ailleurs. Elle doit avoir une place de choix, importante, bien déterminée, dans une coproduction de sécurité bien pensée et sérieuse. Je suis prêt à m'engager auprès des personnels et de leurs syndicats dans un combat qui irait dans ce sens et assurerait ainsi un véritable avenir aux polices municipales.

Sarkozy a déclaré, en matamore à l'accent pointu, en Tartarin de Neuilly, qu'il avait « tué le métier de ministre de l'Intérieur » – sans doute persuadé qu'il avait été tellement bon que plus personne ne pourrait remplir cette fonction après lui.

Ce n'est pas le métier de ministre de l'Intérieur qu'il a tué, mais celui de policier et de gendarme. Ce qu'il a tué, c'est le sérieux, l'attention que mérite cette profession, mieux que des annonces, mieux que des petites gesticulations égotiques et médiatiques.

Au bout de sept ans[9], non seulement il n'assume toujours pas son échec retentissant en matière de sécurité, mais il nous ressert les mêmes recettes, les mêmes promesses, les mêmes postures et les mêmes discours, à la virgule près.

Les policiers et les gendarmes n'y croient plus. Ils ont bien compris que cet homme a tué leur métier en les transformant en marionnettes au service du pouvoir, en fournisseurs de statistiques lénifiantes, en les empêchant d'assurer leurs vraies missions pour cause de non-rentabilité immédiate, en les fragilisant et en les isolant de la population, qui d'ailleurs n'y croit plus. Car le peuple est plus malin que le monarque, et la plupart de nos concitoyens sont aujourd'hui en possession du « décodeur » Sarkozy. Le discours

9. Deux fois deux ans comme ministre de l'Intérieur (2002-2004 puis 2005-2007) et trois ans comme président de la République (2007-2010).

ne passe plus, il est déchiffré, décrypté, reçu en clair sans aucune illusion.

On a connu quelques ministres de l'Intérieur qui avaient envisagé les choses différemment, avec pour seul objectif d'améliorer le service rendu à nos concitoyens en matière de sécurité.

Pierre Joxe, par exemple, avec son plan de rénovation de la police nationale sur cinq ans, a accepté que les résultats obtenus ne soient tangibles qu'après son départ. C'est cette capacité rare de l'homme d'État à faire abstraction de son intérêt personnel qui permet, en dépassant le temps du politique, d'obtenir des résultats probants.

Au cabinet de Chevènement, j'ai retrouvé aussi un homme d'État, ancré dans ses convictions et capable de faire passer l'intérêt des concitoyens loin au-dessus de son intérêt personnel, acceptant lui aussi d'entamer des réformes importantes en sachant qu'il n'en recueillerait pas les fruits.

Ces hommes politiques existent, je les ai approchés.

Des ministres de l'Intérieur altruistes, hommes d'État efficaces, c'est possible. Ils ont « fait » le métier, ils ont construit une image positive du ministre de l'Intérieur.

Sarkozy a peut-être raison, cette image-là, il l'a tuée. C'est dommage, car au début il bénéficiait d'une opinion plutôt favorable chez les flics. Ses annonces, son côté apparemment volontaire avaient impressionné favorablement la famille policière qui avait cru trouver en lui un soutien.

La déception a été à la hauteur des espoirs. Les policiers sont des gens pragmatiques. Ils ont vite compris que derrière les effets d'annonce et les discours volontaristes, il n'y avait rien.

Ils ont été désemparés par la mise en place d'un système et d'une politique (soi-disant) du résultat, qui les a contraints à oublier les fondamentaux de leur profession.

Ce système basé sur la peur (encore) et le profit (les primes) a eu tous les effets secondaires que j'ai déjà évoqués. Quand on sait que les préfets eux-mêmes touchent des primes sur trois critères (bilan de la délinquance, sécurité routière, contrat emploi aidé), dont deux sont liés aux résultats policiers, on comprend mieux comment la pression redescend du haut de la hiérarchie directement jusqu'au gardien de la paix.

La carotte et le bâton, la prime ou la sanction… Cela ne fonctionnera jamais dans la police et ne remplacera pas un véritable esprit d'équipe ni une volonté réelle de servir nos concitoyens.

Michèle Alliot-Marie et Brice Hortefeux sont passés comme des ectoplasmes place Beauvau dans l'ombre d'un président omniprésent qui croit encore aujourd'hui qu'il a été le premier flic de France. Pendant ce temps, la police attend avec impatience la venue d'un véritable ministre de l'Intérieur qui saura prendre en compte les aspirations des Français sans arrière-pensées politiciennes.

Quant à vous, monsieur le président, à l'instar du « jury » réuni à la mairie de Toulouse le 3 février 2003, un jour des millions de policiers et de citoyens pointeront vers vous un doigt accusateur et, parlant de votre échec en matière de sécurité, s'écrieront :

« Vous nous en rendrez compte, monsieur le président ! »

Sigles

APJ : Agent de police judiciaire.

BAC : Brigade anticriminalité.

BSN : Brigade de surveillance nocturne.

CESDIP : Centre de recherches sociologiques sur le droit et les institutions pénales.

CFDT : Confédération française démocratique du travail.

CFTC : Confédération française des travailleurs chrétiens.

CGT : Confédération générale du travail.

CLS : Contrat local de sécurité.

CLSPD : Conseil local de sécurité et de prévention de la délinquance.

CNIL : Commission nationale de l'informatique et des libertés.

CRS : Compagnie républicaine de sécurité.

CSA : Conseil supérieur de l'audiovisuel.

DDSP : Directeur départemental de la sécurité publique.
DGPN : Direction générale de la police nationale.
DICCILEC : Direction centrale du contrôle de l'immigration et de la lutte contre l'emploi des clandestins (aujourd'hui PAF).
DNAT : Direction nationale antiterroriste.
DST : Direction de la surveillance du territoire.
FASP : Fédération autonome des syndicats de police.
FNAP : Fédération nationale autonome de la police.
FO : Force ouvrière.
IGPN : Inspection générale de la police nationale.
LOPPSI : Loi d'orientation et de programmation pour la sécurité intérieure.
OMP : Officier du ministère public.
PAF : Police aux frontières.
PJ : Police judiciaire.
PJPP : Police judiciaire de la préfecture de Paris.
PQR : Presse quotidienne régionale.
PM : Police municipale.
RAID : Recherche, assistance, intervention et dissuasion.
RG : Renseignements généraux.

RGPP : Révision générale des politiques publiques.

SAVIM : Service d'aide aux victimes, d'information et de médiation.

SCHFPN : Syndicat des commissaires et hauts fonctionnaires de la police nationale.

SDIS : Service départemental d'incendie et de secours.

SI : Section d'intervention.

SNAPC : Syndicat national autonome des policiers en civil (aujourd'hui SNOP).

SNOP : Syndicat national des officiers de police.

SP : Sécurité publique.

SRPJ : Service régional de la police judiciaire.

SSMI : Service de sécurité du ministère de l'Intérieur.

UNSA : Union des syndicats autonomes.

UTEQ : Unité territoriale de quartier.

Collection « Coup de gueule »
dirigée par Jean-Claude Gawsewitch